Thorsten Gabriel

SCHAMANISCHE LEBENSBERATUNG

Der schamanische Weg zur ganzheitlichen Gesundheit und Lebensfreude

Neue schamanische Mental-Techniken & Rituale zur Heilung von Körper, Seele & Geist

Weitere Bücher von Thorsten Gabriel als Magier Thor:

Magier Thors Ratgeber der Hexenmagie – Ursprung der Hexenkunst. Magische Produkte und Hexenrituale für ein glückliches Leben ein Ratgeber für moderne Hexen von Magier Thor, ISBN 978-3-89094-439-5, 120 Seiten.

Magier Thors Ratgeber der Voodoo-Magie – Ursprung der Voodoo-Rituale. Rezepte und Formeln: Die hohe Kunst der afrikanischen Naturmagie in Europa von Magier Thor, ISBN 978-3-89094-706-8, 96 Seiten.

Alle in diesem Buch aufgeführten Produkte und Rituale sind nach alten Überlieferungen und Volksweisheiten wiedergegeben worden. Die Produkte sind als reine Kuriosa anzusehen und beinhalten keinerlei übersinnliche Kräfte oder Heilwirkungen im naturwissenschaftlichen Sinne. Das Benutzen und Ausprobieren der Produkte sowie die Ausführung von Ritualen geschieht auf eigene Verantwortung. Der Autor übernimmt keinerlei Haftung oder Garantie. Die Rezepte und Rituale in diesem Buch können keinen Arzt oder Heilpraktiker ersetzen.

Titelbild und andere Fotos selbst photographiert und gestaltet von Thorsten Gabriel

Lenormandkarten: Abdruck der Kartenbilder mit freundlicher Genehmigung des Künstlers Andreas Nostra Dahm ©LeCarte by Andreas Nostra Dahm. Vielen Dank.

ISBN 978-3-89094-725-9

Thorsten Gabriel

SCHAMANISCHE LEBENSBERATUNG

Der schamanische Weg zur ganzheitlichen Gesundheit und Lebensfreude

Neue schamanische Mental-Techniken & Rituale
zur Heilung von Körper, Seele & Geist

Widmung

Ich widme dieses Buch allen meinen geistigen und weltlichen Helfern sowie meinem eineiigen Zwillingsbruder Thomas, der mich bereits in meiner Kindheit auf den schamanischen Weg gebracht hat.

LIEBE, KRAFT, DANKBARKEIT UND SEGEN SEI MIT EUCH

Inhaltsverzeichnis

Vorwort

Ich freue mich, dass du den Weg zu mir gefunden hast.

Ich bin Thorsten Gabriel, Schamanischer Lebensberater und Hellseher. Dieses Buch ist ein praktischer Ratgeber zum Thema: Schamanische Lebensberatung. Es beinhaltetet Techniken zur Selbstheilung, die es einem ermöglichen in kurzer Zeit seine Blockaden auf sanfte Weise aufzulösen. Zugleich ist es auch ein **Arbeitsbuch**, das aus meiner jahrelangen Arbeit mit Klienten entstanden ist, um den Leser mit seiner persönlichen Kraft und inneren Führung bekannt zu machen. Der richtige Weg muss nicht immer schwer oder hart sein. In unserer heutigen Zeit ist dies nicht mehr notwendig, Informationen stehen nun jedem zur Verfügung und es darf auch einmal einfach gehen.

Alte schamanische Mental-Techniken wurden der europäischen Neuzeit angepasst, damit jeder, der sich für Schamanismus interessiert und an sich arbeiten möchte, die optimale und beste Entwicklung damit erzielen kann. Der Weg des Schamanen führt uns in unsere eigene innere Welt, die mit zahlreichen Bildern und Vorstellungen geprägt ist. Er fordert uns auf, uns einmal ganzheitlich unter die Lupe zu nehmen und unsere Seele zu fühlen, die Teil einer wichtigen Entwicklung zu unserer Heilung und unserem Lichtkörperbewusstsein ist.

Mir ist meine schamanische Herkunft bekannt, jedoch ist mir auch bewusst, dass ich kein wirklicher „Medizinmann" im traditionellen klassischen Sinne bin, sondern arbeite als Neuzeit-Schamane und Lebensberater mit schamanischen Mental-Techniken, die der heutigen Zeit und dem alltäglichen europäischen Leben angepasst sind.

Die Weltgesundheitsorganisation (WHO) hat inzwischen den Schamanismus als Heilmethode anerkannt. Durch Praktizieren wird nicht nur der Körper gesünder, sondern auch die Psyche bekommt Kraft und Heilung. Der Mensch erfährt wieder die Verbindung zu sich selbst und dem göttlichen Ursprung, so dass er wieder Harmonie in seinem Lebensumfeld erschaffen kann. Viel Spaß beim Lesen und Üben.

Thorsten Gabriel

Einleitung

In unserer heutigen Zeit ist es wichtiger denn je, ein wertfreies System zu benutzen, das die Menschen weder verurteilt noch missioniert, um an die Ursachen von unserem Verhalten und Blockaden zu gelangen. **Das beste System steckt in uns Menschen selbst.** Unsere Gesellschaft kann uns nicht mehr den Rückhalt und die Aufklärung geben, wie es einst bei den Schamanen möglich war, um uns ganzheitlich zu heilen und zu betrachten. Auch die Kirche schafft es nicht, die Menschen wertfrei zu behandeln ohne sie von der Erbsünde oder Umkehr zur ihrer eigenen und wahren Religion zu bekehren. Schamanismus ist eine Technik, die es einem erlaubt wertfrei und bewusst in sein Energiesystem und das anderer einzuwirken und Blockaden, Hindernisse oder Traumen zu beseitigen und seine eigenen inneren Kräfte freizulegen, um wieder den Kontakt zu seiner Seele herzustellen. Hilfe zur Selbsthilfe sozusagen, denn wer bewusst um sein Können und seine Stärken weiß, kann diese auch einsetzen und somit sich selbst besser helfen.

Das Wort Schamane

Das Wort „Schamane" stammt aus der manju-tugusischen Sprache. Der erste schriftliche Beleg für dieses Wort datiert auf das Jahr 1194; dort erwähnt ein chinesischer Historiker diesen Begriff als Bezeichnung für eine weibliche Magierin im Volk der Manju. Der eigentliche Schamanismus lässt sich in seinem historischen Ursprung auf Zentral- und Nordasien sowie einige Gebiete Europas und Amerikas begrenzen. Schamanismus ist ein religiöses Phänomen, das europäische Forscher schon seit den ersten Entdeckungsreisen nach Sibirien fasziniert hat. Es handelt sich beim Schamanismus nicht um eine eigene Religion, sondern um die konkrete Tätigkeit eines Menschen, wenn man so will eines Spezialisten, der zwischen einer menschlichen Gemeinschaft und der Geisterwelt vermittelt oder übersetzt.

Was ist Schamanismus?

Schamanismus ist die Kunst mit den Kräften der inneren und äußerlichen Wirklichkeit bewusst in Verbindung zu treten und dadurch die Harmonie zwischen Körper, Seele und Geist dauerhaft gesund zu halten, Fremdenergien zu entfernen oder zu neutralisieren, Kräfte auszugleichen, abzuwehren oder zu vermindern sowie hinzuzufügen.

Es bedarf keinerlei Religionsform oder Glaubensbekenntnis um mit Schamanismus zu arbeiten. Es genügen der freie Wille und die Fähigkeit sich neuen Bewusstseinsebenen zu öffnen und bewusst an sich zu arbeiten.

Schamanen gibt es auf der ganzen Welt in jeder Kultur, nur sind, je nach Tradition, die Bezeichnungen etwas verschieden.

Andere Bezeichnungen für Schamanen: Hüter der Kraft, Medizinmänner/-frauen, Hüter des heiligen Feuers, Stadtschamane, Grenzgänger, Wanderer zwischen den Welten, Wunderdoktor, Wunderheiler, Seelenheiler, Seelsorger, Geistheiler. Egal was für Namen auch immer, der Schamane ist ein Heiler in ganzheitlicher Sichtweise.

Der Schamane bereist Welten, die sowohl innerhalb wie auch außerhalb unseres Bewusstseins liegen. **Diese Art zu reisen nennt sich schamanische Reise.** Bei so einer Reise ist es hilfreich, sich ein klares Ziel zu setzen und Kontakt zu seinem geistigen Führer/Krafttier aufzunehmen. Ein Krafttier ist ein Begleiter und Beschützer, das jedem Menschen zur Verfügung steht und je nach Veranlagung des Einzelnen anders aussehen kann. Jeder Mensch jedoch besitzt ein oder mehrere Krafttiere.

Schamanische Lebensberatung

Dieses Buch soll dir helfen, schamanische Beratungen bei dir selbst und mit anderen zusammen anzuwenden. Es handelt sich dabei nicht um den Schamanismus im traditionellen klassischen Sinne, sondern um Mental-Techniken des Neuzeit-Schamanismus angepasst an das heutige Leben der Europäer. Stück für Stück bringe ich dir bei wie du dir ganz einfach selbst helfen kannst zusammen mit Deinen geistigen Helfern. Meist sind die Lösungen für unsere Probleme schon in unserem Unterbewussten verborgen. Wir haben jedoch nicht die Möglichkeit dies zu erkennen, weil wir den Zugang zu uns selbst verloren haben. Dieses Wissen kann durch eine schamanische Beratung wieder ans Licht gebracht werden und so zu mehr Lebensglück, Freude und Gesundheit verhelfen.

Der Schamane ist also nur Vermittler und gibt Impulse, die Antworten kommen zum Großteil aus uns selbst. Das unterstützt die Selbstständigkeit und den freien Willen jedes Einzelnen. Helferwesen, wie Engel und Krafttiere und der eigene innere Lehrer, unterstützen dabei unsere schamanische Arbeit. Göttliche Liebe ist der Schlüssel, der alle Türen öffnet. Schamanische Lebensberatung ist also eine Mental-Technik, die es einem erlaubt, wertfrei und bewusst in sein Energiesystem und das anderer einzuwirken um Blockaden, Hindernisse oder Traumen zu beseitigen und seine eigenen inneren Kräfte freizulegen und wieder den Kontakt zu seiner Seele herzustellen. Hilfe zur Selbsthilfe sozusagen, denn wer bewusst um sein Können und seine Stärken weiß, kann diese auch einsetzen und somit sich selber besser helfen. Das menschliche Energiesystem besteht aus den Chakras, den Energiekörpern, den spirituellen Körpern und höheren Lichtkörpern. Der Mensch ist ein Zusammenspiel aus vielen verschiedenen Ebenen und man sollte keine dieser Ebenen vernachlässigen um dauerhaft gesund zu werden.

Sämtliche Techniken in diesem Buch sind von mir geprüft und erprobt worden und dienen dazu zu helfen und Gutes zu tun. Nutze deine schamanischen Fähigkeiten mit Respekt und Achtung dir und anderen Lebewesen gegenüber. Um die kosmischen und geistigen Gesetze besser zu verstehen, empfehle ich dir das Buch von Kurt Tepperwein „Die geistigen Gesetze“.

Ich habe noch eine wichtige Bitte an dich. Bitte sieh dich selbst als Autoritätsperson. Dein Handeln und Tun bestimmt ab sofort dein Leben. Gewöhne dir an, alles von außen Kommende zu hinterfragen und nimm nichts ungefragt einfach so an. Frage zuerst immer deine eigene innere Führung und dein Krafttier und vertraue auf deine innere Weisheit. Du brauchst keinen Guru oder Wunderheiler der dir sagt wo es lang geht, du trägst ihn bereits in dir. **DU BIST ES SELBST.** Wenn du das verstanden hast und danach handelst, wird dein Leben einfacher und glücklicher. Gerne bin ich dir mit diesem Buch auf diesem Weg behilflich.

Kapitel 1 – Schamanische Reisen & Grundlagen

„Schamanismus ist die Kunst, die alltägliche und nicht-alltägliche Wirklichkeit miteinander zu verbinden"

Erste schamanische Übungen zum Einstieg

Ich bin mir sicher du bist sehr gespannt und möchtest am liebsten gleich loslegen. Damit das aber auch richtig funktioniert, solltest du zuerst ein paar wichtige und grundlegende Dinge beachten:

Reinigung und Klärung (Übung 1)

Vor jeder schamanischen Tätigkeit sollten wir uns reinigen. Wir putzen täglich unsere Zähne, duschen uns oder waschen uns regelmäßig die Hände. Wie sieht es aber mit der spirituellen Reinigung aus? Feinfühlige Menschen nehmen mehr Energie wahr als andere Menschen und auch deren Aura kann mehr absorbieren, jedoch auch verschmutzter sein. Aber wie bemerkst du eine verschmutzte Aura? Durch plötzliche Gefühle wie Wut, Trauer, Trägheit, Müdigkeit, Aggressivität, Lustlosigkeit oder einfach das Gefühl ausgelaugt zu sein, obwohl du eigentlich fit sein solltest. **Die beste und schnellste Möglichkeit die Aura zu reinigen ist für einen**

Schamanen sich abzurasseln und hat den Zweck, die Anteile, die sich in deiner Aura festgesetzt haben, abzusprengen, durcheinander zu wirbeln und zu lösen. Deshalb eignet sich auch ein Räucherstäbchen nur bedingt zum Auraschutz, da es zu sanft ist und nur die Aura streichelt. Als Abschluss nach dem Abrasseln kann es sehr sinnvoll sein, sich noch einmal abzuräuchern aber eben erst zum Schluss. Deshalb sind viele spirituelle Schutztechniken unwirksam, weil sie nur einen Teil der Aura säubern nicht aber alles loslösen.

Die folgende Anleitung ist einerseits mit Feder und Räucherwerk, oder wenn es schneller gehen soll auch mit einer normalen Rassel möglich. Du solltest jedoch mindesten einmal **beide Möglichkeiten** ausprobiert haben, da es sich verschieden anfühlt. Teste selbst aus was sich für dich stimmiger anfühlt oder kombiniere beide Methoden miteinander.

Abrasseln oder Abräuchern:

Beginne an der Vorderseite. Von den Füßen aufwärts kräftig rasselnd bis zur Kopfspitze. Anschließend rasselst du ein zweites Mal sanft von den Füßen aufwärts, der Körperachse folgend, bis zur Kopfspitze und noch ein Stück darüber hinaus. Auch unter den Armen, zwischen den Beinen und am Rücken solltest du dich abrasseln, das löst Fremdenergien in deiner Aura und sprengt sie weg. Das Tempo bestimmst du selbst. Es sollte jedoch mit der inneren Aufmerksamkeit vollzogen werden, mit dem Gedanken an Reinigung deiner Aura. Eine Rassel kannst du überall in Musikgeschäften bekommen oder du fertigst dir selbst eine. Eine zweite Variante ist das Abräuchern mit Hilfe verschiedener Kräuter & Harze in einer Räucherschale. Die Wirkung des Abräucherns ist sehr viel stärker, wenn man von einer anderen Person geräuchert wird. Das Räuchern wirkt ausgleichend. Durch weißen Salbei wird man gereinigt, durch Lavendel geweiht und durch Weihrauch mit Kraft aufgeladen. Wenn du Räucherwerk benutzt, spielt das Abfächeln mit einer Räucher-Feder (meist Truthahn oder Adlerfeder), dicht am Körper entlang, eine wichtige Rolle. Es wird ein bestimmtes elektromagnetisches Spannungsfeld erzeugt, das du als äußerst wohltuend empfinden wirst.

Du solltest dich speziell am Anfang morgens und abends abrasseln. Auf jeden Fall vor jeder schamanischen Reise.

Durch die Reinigung werden Energien, die stören und nicht gut für dich sind, transformiert. Du wirst dich erfrischt und erholt fühlen.

Hier noch einige zusätzliche Schutzmöglichkeiten:

Amulette, Talismane, Schutzketten
Bewährt haben sich:

Schwarzer Turmalin, Obsidian, Falkenauge, echter Türkis, Rubin, Shiva Auge, Schungit, Adlerkralle mit Stein, Bärenkrallen oder Haifischzähne. Welche Steine oder Hilfsmittel für dich noch wichtig sind, das kann dir dein Krafttier oder dein innerer Lehrer sagen. Ganz wichtig: Ein Amulett beschützt und ein Talisman zieht Gutes an oder verstärkt es. Möchtest du ein Amulett herstellen, so programmiere den Gegenstand auf Schutz; soll es ein Talisman werden, so stell dir vor, dass der Gegenstand positive Kräfte z. B. Glück anzieht.

Auch schamanische Schilde (das sind Zeichnungen, die Kraft freisetzen z. B.: Die Blume des Lebens, Runen oder andere Symbole) können als Schutz dienen. Die klassische Schutzrune „Algiz" ist ein guter Schutz.

Natürlich gibt es noch viele andere Formen sich zu schützen. – Immer in der nicht alltäglichen Wirklichkeit nachfragen.

Schamanische Reinigung und Klärung von Gegenständen (Übung 2)

Jeder Gegenstand (Steine, Anhänger, Schmuckstücke) sollte vor Gebrauch gereinigt und zu seinem Zweck geweiht werden. Jeder Mensch, der vorher mit dem Gegenstand Kontakt hatte, hat einen kleinen Teil seiner persönlichen Schwingung dort hinterlassen. Das können Spuren von Streitigkeiten, Erkrankungen oder andere negative Fremdenergien sein, die an diesem Gegenstand hängen.

Die Reinigung:

Im Rauch: Man reinigt zuerst die eigenen Hände im aufsteigenden Rauch eines Räucherwerkes. Ideal eignen sich weißer Salbei, Weihrauch, Palo Santo oder Drachenblut. Dann zieht man den gewählten Gegenstand an allen Stellen 1-2 Minuten durch den Rauch.

Im Feuer: Man hält den Gegenstand ca. 30 Sekunden über eine brennende weiße Kerze (Stumpenkerze, Stabkerze oder ein Teelicht) oder ein Lagerfeuer, um dort die alten Informationen zu löschen.

Neben der Eigenschwingung des Gegenstandes soll es nun eine neue Aufgabe und damit Schwingung bekommen. Möchtest du, dass dein

Kraftobjekt deine eigene Energie trägt, so lege es nach dem Reinigen 1-2 Minuten auf dein Herzchakra und lasse deine Energie hineinfließen. Ab jetzt sollte kein anderer das Kraftobjekt berühren. Ansonsten wiederhole einfach diesen Vorgang.

Wenn du möchtest, kannst du dein Kraftobjekt, während es auf dem Chakra liegt fragen, wie du mit ihm arbeiten sollst.

Möchtest du eine Schutzkette herstellen, so nimm den Gegenstand in deine Hände und sprich: „Ich weihe dich der Kraft des Universums um . . . (z. B. mich zu schützen)". Möchtest du einen Talisman herstellen kannst du sagen „Ich weihe dich der Kraft des Universums um . . . (z. B. mein Glück zu verstärken...)" Im Kapitel Rituale & Rezepte kannst du auch den richtigen Wochentag und Mondstand dazu passend auswählen.

Schamanische Bedeutung der einzelnen Kerzenfarben:

Weiß:	Reinheit, Gesundheit, Heilung, Spiritualität, Reinigung, Wahrheit, Unschuld, Gebet, der Mondgöttin geweiht.
Schwarz:	Bannung, Schutz vor negativen Energien, Zurücksendung schwarzer Magie, Trennung, Abwehr, Anfang des 19. Jahrhunderts wurden schwarze Kerzen zur Abwehr von Gewitter benutzt.
Blau:	Freundschaft, Erfolg, Kommunikation, Unsterblichkeit, Treue, Geduld, Geheimnisse erfahren, Ehrlichkeit.
Braun:	Erdung, Materie, Geld, Harmonie, Lernen, Erdverbundenheit.
Grün:	Geld, Gesundheit, Ehrgeiz, Neid, Frieden, Erfolg, Sieg, Heilung.
Orange:	Fröhlichkeit, Freude, Heiterkeit, Sexualität, Fruchtbarkeit, Angst bekämpfend.
Pink/Rosa:	Wahre Liebe, Verbundenheit, Ehrlichkeit, Treue, Familie, Ehe, Weiblichkeit.
Lila:	Spiritualität, Magie, weibliche Kraft, Fortschritt, Ehre, Klugheit.
Rot:	Kraft, Energie, sexuelle Lust, Mut, Männlichkeit, Vitalität, Feuer, Durchhaltevermögen.
Gold/Gelb:	Glück, Gesundheit, Freude, Wohlstand, Geld, Licht, universelle Liebe, Erfolg.
Silber/Grau:	Trennung, entfernt negative Energien und gibt Stabilität, Geborgenheit, Sieg.

Magenta: Eigentlich kein echter Farbton sondern eine Mischung aus tiefem Rot und Ultraviolett. Eine sehr machtvolle Farbe, denn diese durchdringt sehr schnell die kosmischen Ebenen und lässt deine Wünsche und Gedanken schneller materialisieren.

Super gemacht. Nachdem du dich nun abgeräuchert oder abgerasselt hast, dein Kraftobjekt geweiht hast, bist du nun bereit für deine erste schamanische Reise.

Was aber genau ist eine schamanische Reise?

Die schamanischen Reise:

Die einfachste Art die Ursachen eines Problems ausfindig zu machen ist für den Schamanen die **schamanische Reise**. Die schamanische Reise ist eine Art Trance-Zustand, wobei der Schamane im Vollbesitz seiner geistigen Kräfte ist und jederzeit ins *Hier und Jetzt zurückkehren* kann. Um in diesen Zustand zu gelangen werden heutzutage keine Rauschmittel mehr benötigt, sondern es genügt der Klang einer schamanischen Trommel, die im Herzrhythmus (4-7 Schläge pro Sekunde) schlägt und das Gehirn in die Thetawellen befördert.

Nur in diesem Zustand ist es möglich wertfreie Informationen zu bekommen, die weder durch den Verstand noch durch Fremdenergien eingefärbt sind.

Im Gegensatz zur Meditation ist eine schamanische Reise aktiv, das bedeutet, der Reisende geht mit einem genauen Ziel auf die Reise um eine Antwort zu bekommen.

In der schamanischen Reise gibt es drei verschiedene Bewusstseinsebenen. Diese unterteilen sich in die obere, mittlere und untere Welt auf. Die untere Welt zum Beispiel ist der Einstieg, der Anfang, der Sitz unserer Fähigkeiten, Talente und unserem Unterbewusstsein. Auch unserem Krafttier und unserem inneren Lehrer begegnen wir auf dieser Ebene. Die schamanische Reise kann eine enorme Hilfe sein, um Ursachen, Fähigkeiten und Talente freizulegen. **Bevor ein Schamane auf „Reisen“ geht ist es von äußerster Wichtigkeit einen Schutzkreis zu ziehen und sich vorher abzurasseln.** Dies gewährleistet eine ungestörte und Fremdenergie abweisende Arbeit.

Die einzelnen schamanischen Welten können wie das Ausweiten einer Landkarte bezeichnet werden. Mit zunehmender Praxis und Übung werden immer mehr Gebiete und Orte dazukommen. Die schamanische Welt ist eine Wirklichkeit, die außerhalb und innerhalb unserer realen Wirklichkeit liegt und auch als die **Nicht-alltägliche Wirklichkeit** bezeichnet wird. Wir versuchen gerne mit unserem Verstand alles zu erklären und zu erfahren, das ist allerdings beim schamanischen Reisen nicht sinnvoll, deshalb gibt uns unsere Seele immer Hinweise und die können ganz unterschiedlich sein. **Nicht jeder erlebt die gleiche Reise auf die gleich Art und Weise**. Bei einer Reise gibt es andere Sinneskanäle, die unsere Seele benutzt, um mit uns zu kommunizieren.

Das können verschiedene Sinneswahrnehmungen sein. Die häufigsten sind:

- **Visuelle:** Wir sehen Bilder.
- **Auditive:** Wir hören Geräusche und Stimmen.
- **Gustatorische:** Wir schmecken und riechen Düfte und Dinge.
- **Taktile:** Wir fühlen Dinge und können diese erfahren.

Egal welche Wahrnehmungen es sind, es sind alles wertvolle Botschaften und alle sind gleichwertig. Natürlich ist es schön Bilder zu sehen, aber nicht jeder ist dafür geeignet, das macht auch nichts. Dein Krafttier und deine Geistführer finden einen Weg um sich mit dir zu verständigen, immer. Schalte bei einer schamanischen Reise Telefon und Türklingel aus, sei sicher, dass du ungestört bist. Schließe deine Augen und lass dich führen. Am besten reist du im Sitzen oder auf dem Rücken liegend. Die Seitenlage ist nicht zu empfehlen, da schläft man schnell ein. Lege dir immer Stift und Papier bereit und schreibe deine Erlebnisse sofort, wenn du zurückkommst, auf. Trommelmusik sollte immer laufen und du kannst nach der Reise, auch wenn die Musik läuft, einfach die Augen öffnen und zurückkommen. Möchtest du eine genaue Zeitangabe, z. B. 5-10 Minuten, so stell dir den Wecker oder dein Handy.

Eine Besonderheit möchte ich hier ebenfalls erwähnen:

Bei einem Schamanen-Seminar war einmal eine Kundin, die absolut nichts auf ihren Reisen sah oder wahrnahm und schon fast wieder nach Hause gehen wollte. Da kam die Idee auf, sie sollte doch einfach mal ein Papier und einen Stift nehmen und sich führen lassen. Das war die Lösung, die Dame war nämlich ein Schreibmedium, nur wusste sie es zum damaligen Zeitpunkt noch nicht. Mittlerweile schreibt sie ganz tolle Reiseberichte und Texte, die sie für andere aus der geistigen Welt erhält. Solche Möglichkeiten gibt es auch, vielleicht bist du ja auch ein Schreibmedium? Probiere es mal aus.

Fragen bezüglich der „schamanischen Reise“ aus meiner Praxis:

Wie lange geht eine schamanische Reise?
Das kommt ganz auf die Fragestellung und Erlebnisse an, die du während der Reise hast. Hier einige Grundwerte: 15-20 Minuten als Anfänger für die ersten Reisen. 10-12 Minuten, wenn du schon etwas mehr Erfahrung hast. 5-7 Minuten ist ein Durchschnittswert, der als normal für eine Reise genommen wird, wenn du schon sehr geübt bist. Ich persönlich brauche mittlerweile zwischen 2-3 Minuten für meine Reisen. Das sind allerdings nur Richtwerte und jeder selbst bestimmt das Tempo. Wichtig dabei: Es geht nicht um die Geschwindigkeit, sondern die Informationen die du erhältst. Deine inneren Helfer teilen sich dir immer so mit, dass du die bestmöglichen Antworten erhältst.

MANCHMAL MUSST DU EINFACH IMMER WIEDER NACHFRAGEN ODER EINIGE REISEN WIEDERHOLEN.

Ich kann nicht gleichzeitig trommeln und reisen. Was kann ich tun?
Das stimmt, gerade am Anfang ist so was etwas schwierig. Lass einfach eine schamanische Trommel-CD laufen, die im Herzrhythmus gespielt ist.

Ich habe keine Trommel, wie kann ich ohne reisen?
Benutze eine Schamanische Trommel-CD oder MP3-Musik auf deinem Mp3-Player.

Mich stört die Trommelmusik, kann ich auch etwas anderes nutzen?
Ja, eine schamanische Rassel erfüllt ihren Zweck auch. Mit der Zeit und erweiterter Praxis wirst du auch ohne Hilfsmittel in Gedankenschnelle reisen können.

Die drei schamanischen Welten

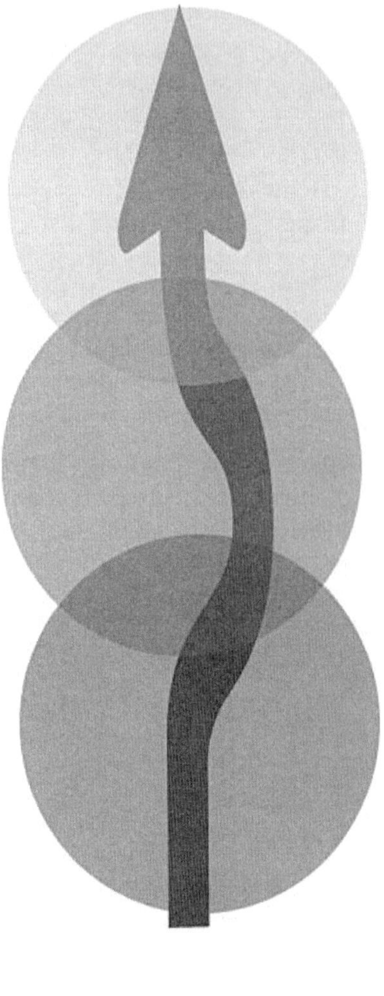

Die obere Welt
Nicht-alltägliche Wirklichkeit
Wissen, Führung, Weisheit, Licht
Überbewusstsein
Höheres Selbst
Oberer Lehrer
Seelenanteile
Engel, Meister und Lichtwesen

Die mittlere Welt
Alltägliche Wirklichkeit
Physische Ebene
Bewusstsein
Chakrenenergie
Immunsystem
Naturgeister
Kraftplätze
Wunschwiese

Die untere Welt
Nicht-alltägliche Wirklichkeit
Unterbewusstsein
Manifestieren
Unterer Lehrer
Krafttiere
Ermächtigung
Befähigung
Seelenanteile
Ängste
Karma

Die untere Welt

ist der Einstieg, der Anfang, der Sitz unserer Fähigkeiten, Talente und unserem Unbewussten. Wenn es um Themenbereiche geht, die mit Macht, frühere Leben, Kraft und den eigenen Fähigkeiten zu tun haben, ist diese Ebene geradezu prädestiniert dafür diese Fragen zu beantworten. Auch unserem Krafttier und unserem inneren Lehrer begegnen wir auf dieser Ebene. Aber nicht immer genügt nur eine Reise, manchmal kann die Antwort auch auf mehreren Ebenen verborgen liegen. **Die untere Welt ist auch gleichzusetzen mit unserem Unterbewusstsein** und oft sind viele Überraschungen vorprogrammiert, die plötzlich auftauchen und ans Licht gebracht werden, da wir in unserem begrenzten Tagesbewusstsein nur Bruchstücke wahrnehmen und der Rest ins Unterbewusstsein verstaut wird.

Mir ist bei einer schamanischen Reise in die untere Welt bei einer Kundin einmal ein rasendes Wildschwein begegnet das mich verfolgt hat. Das war ein wütender Anteil von ihr, den ich aber besänftigen konnte. Ihr selbst war dies gar nicht bewusst, sie hatte immer nur ein unangenehmes Gefühl im Bauch. Auch damit muss ein Schamane rechnen, wenn er in sein System oder das eines Klienten reist.

Das ist das gute und praktische am Schamanismus, der Schamane kann durch die eigens kreierte **„Leidens-ebene“** des Klienten gehen und seine Blockaden lösen, da er dies wertfrei sehen kann und nicht mit betroffen ist.

Die mittlere Welt

ist der Sitz von **unserer alltäglichen Realität**, unseres Immunsystems und den Chakren. Eine Ebene, die sehr gut bei Gesundheitsfragen und Problemen, die mit dem Hier und Jetzt zu tun haben, bereist wird, um in der Realität die Hindernisse zu erkennen und zu beseitigen. Aber dabei gilt äußerste Vorsicht, da jede Veränderung, und sei sie auch noch so klein, eine Auswirkung auf den Realitätszustand der Person haben kann. Jedoch kennt ein erfahrener Schamane diese Gesetze und handelt dementsprechend verantwortungsvoll und fragt auch immer, ob es gestattet ist eine Veränderung vorzunehmen oder nicht. Nur mit dieser Erlaubnis, die vom höheren Selbst und der Seelenebene ausgeht, ist eine risikolose Arbeit möglich mit Ergebnissen, die zum Wohle aller Beteiligten sind.

Die obere Welt

dort ist der Sitz von unseren spirituellen Fähigkeiten, höheren Energien und Lichtkörpern und unserem oberen Lehrer. Diese Ebene wird gerne zurate gezogen, wenn es sich um Fragen zur spirituellen Weiterentwicklung,

Zukunftsprognosen oder um die Lebensaufgabe des Klienten handelt. **Diese Welt ist gleichzusetzen mit unserem Überbewusstsein** und enthält viele Informationen für uns bereit, die wir durch unseren meist begrenzten Verstand noch nicht sehen können. **Manchmal ist es aber auch ein Schutz diese Informationen noch nicht zu wissen, da uns noch etwas an Weiterentwicklung bevorsteht**. Der obere Lehrer hilft uns dabei und gibt uns dementsprechend Auskünfte und Impulse diesen zukunftsorientierten Weg zu meistern. Alles in allem ein ideales und sehr vielseitiges System um die unterschiedlichen Lebensthemen und Ereignisse im Leben eines Menschen abzudecken.

Man kann so gut wie alles fragen und zu fast jedem Thema, das als Blockade empfunden wird, bereisen. Eine Ausnahme stellt dabei allerdings der freie Wille des Menschen dar. Außerdem sollte man nie ungefragt für eine Person reisen. **Fragen aus reiner Neugier, die nur das Ziel haben das Ego zu befriedigen, sind ebenfalls tabu.**

Was auch nicht funktioniert sind Fragen zu Wetten, Lottozahlen oder Aktien, sonst hätte ich das schon längst für andere und mich selbst getan.

Los geht es mit einer richtig tollen schamanischen Schutz-Zeremonie:

„Bodyguard“-Schutzkreis aufbauen (Übung 3)

Vor der schamanischen Reise bauen wir **immer** einen Schutzkreis auf. **Der Schutzkreis hält fremde Einflüsse fern und lässt uns ungehindert reisen.** In alten Tagen reisten Schamanen immer zu zweit, da einer von beiden aufpasste, dass keine fremden Geister Besitz von dem anderen „freien“ Körper einnahmen. In unserer heutigen Zeit ist der Schutzkreis unser „Bodyguard“ und ist deshalb sehr wichtig.

Reinigen des Raumes von unerwünschten Energien mit Hilfe des schamanischen „Bodyguard“- Schutzkreis:

In die Mitte des Raumes stellen wir eine brennende Kerze und das Raucherwerk (als Vertreter des Feuerelementes). Gut eignet sich Weihrauch, Weißer Salbei, Drachenblut, Palo Santo, Lavendel, Salbei oder Nag Champa. und die Mischung Angel Healing.

Um uns zu reinigen, zu konzentrieren und uns vom Alltag zu entspannen rasseln wir uns ab.

Dann ziehen wir einen Schutzkreis um uns, indem wir 4 x rechts an der Außenwand rasselnd, mit innerer Sammlung im Osten beginnend, einen Kreis gehen. Sehr wichtig immer im Uhrzeigersinn herum gehen.

Während wir gehen und rasseln sollten wir unbedingt einen gleichbleibenden Rhythmus einhalten, der ständig aktiv beibehalten wird. Nicht einfach nur kurz rasseln, aufhören und wieder rasseln. Das verursacht nur energetische Löcher. Wir wollen ja einen gleichbleibenden **durchgezogenen Schutzkreis erschaffen, also immer** durchgehend weiter rasseln bis wir einen Rundgang im Zimmer beendet haben. Dabei können wir sämtliche energetische Schwachstellen, wie Türen und Fenster mit abrasseln, immer von unten nach oben und dadurch sogar gleichzeitig das ganze Haus oder Grundstück schützen.

Die vier Stufen des Schutzes:

Beim ersten Rundgang konzentrieren wir uns auf die **Reinigung** des Raumes. Das ist sehr wichtig und wir können uns z. B. einen Besen vorstellen, der alles säubert und wegputzt. Oder wer gerne mit Engeln arbeitet stellt sich Erzengel Michaels blauen Lichtstrahl vor, der sämtliche Hindernisse beseitigt. Sehr gut eignet sich auch die Vorstellung der violetten Flamme, die alles durchdringt und in ihrem transformierenden Feuer reinigt und säubert. Egal für welches Energiebild du dich entscheidest, es muss stets kraftvoll sein und für dich eine Bedeutung haben.

Beim zweiten Rundgang ist das Thema **Schutz** angesagt. Dafür können wir uns eine große Backsteinmauer vorstellen, die uns beschützt und im ganzen Raum hochgezogen wird. Natürlich eignet sich dafür auch Erzengel Michaels Schutzschild das du dir in alle vier Ecken des Raumes stellen kannst. Oder du arbeitest mit Reiki-Symbolen, die ebenfalls aktiviert werden können. Wichtig ist nur, dass du einen kraftvollen Schutz aufbaust, der zu dir passt.

Beim dritten Rundgang lädst du den Raum mit **„Kraft“** auf. Dafür kannst du dir ein kraftvolles schamanisches Lagerfeuer vorstellen, das dich umgibt. Das schamanische „Feuer“ ist eine alte Reinigungsmethode und das wichtigste Element im Schamanismus. Eine weitere Möglichkeit ist die Farbe „ROT“ als Lichtdusche zu aktivieren und mit jedem Rasseln wird das Rot intensiver um dich herum und schützt dich.

Beim vierten Rundgang füllen wir den Raum mit weißem **Licht** und Engelenergie. Dabei stellen wir uns vor, wie einfach ein Lichtschalter betätigt wird, der schlagartig alles erhellt und durchdringt. Jede Zelle wird durchdrungen vom dem weißen kosmischen Licht und es schützt und leitet uns. Das göttliche Licht ist eine sehr starke Reinigungskraft und wird sehr gerne von Schamanen eingesetzt, um AUREN und Häuser zu reinigen.

„Die himmlischen Königreiche“ anrufen (Übung 4)

Das schamanische System, das den Menschen und die Lebewesen (Tiere, Bäume, Steine, Pflanzen) in seiner Ganzheit darstellt, besteht aus einem vielschichtigen System, das wiederum aus einzelnen Teilen und Elementen besteht. Diese wirken zusammen als Einheit und deshalb sollten wir immer alle zusammenrufen, um den bestmöglichen Schutz und die besten Ergebnisse für unsere schamanische Arbeit zu erzielen. Die Himmelsrichtungen rufen wir, indem wir im Osten beginnend rasseln, die Anrufung sprechen und kurz fühlen bis sie angekommen ist. Danach rufen wir den Süden, den Westen, den Norden, den Himmelsvater und die Erdenmutter.

Jede Himmelsrichtung kann verglichen werden mit einem „Königreich“.

Wir beginnen im Osten mit dem Königreich des LICHTS wir rasseln 3-4 x, um die Aufmerksamkeit und die Energie zu aktivieren und sprechen dann laut den Anrufungstext aus. Dabei stellen wir uns vor, wie der Osten seine Tür öffnet und zu uns in unseren heiligen Kreis eintritt. Die Energie des Ostens bringt uns Klarheit. Erst wenn wir das Gefühl haben, der Osten ist anwesend, gehen wir eine Richtung weiter, immer im Uhrzeigersinn. Das zweite Königreich ist der Süden wo die Sonne am stärksten ist. Dort wird ebenfalls gerasselt und die Anrufung laut ausgesprochen, der Süden bringt uns Stärke. Das nächste Königreich ist der Westen, dieses Königreich bringt uns Verwandlung/Flexibilität.

Das vierte Königreich ist der Norden, dies bringt uns Bewusstheit und Standfestigkeit. Die nächsten zwei Königreiche sind Himmelsvater oben und Erdenmutter unten. Der Himmelsvater bringt uns Lebensfreude und Licht. Die Erdenmutter gibt uns Geborgenheit und Urvertrauen. Beim Himmelsvater sollten wir unsere Rassel nach oben gen Himmel halten und rasseln und dann erst die Anrufung sprechen. Die Erdenmutter ehren und achten wir in dem wir uns auf den Boden knien, eine Hand auf den Boden legen und mit der Rassel gen Erde rasseln und dann die Anrufung sprechen. Ist die Energie und der Schutzkreis aufgebaut, können wir sogar eine veränderte Atmosphäre spüren. Meist haben wir ein Gefühl von Leichtigkeit, Weite und Reinheit und fühlen wie der Raum größer geworden ist. Der Schutzkreis ist gezogen, du bist geschützt, es kann losgehen.

Fragen bezüglich des „Schutzkreises“ aus meiner Praxis:

Muss ich vor jeder Reise einen Schutzkreis ziehen?
Ja, jedenfalls am Anfang deiner schamanischen Arbeit solltest du dich unbedingt immer daran halten. Mit der Zeit und Erfahrung reicht es dann aus dich energetisch mit den Himmelsrichtungen zu verbinden. Du brauchst dich dann einfach nur noch kurz im Kreise zu drehen und die „Königreiche“ gedanklich rufen.

Wie groß muss der Schutzkreis sein?
Du solltest bequem darin Platz haben, mindestens 3-5 Meter Durchmesser. Um das Ganze jedoch zu vereinfachen kannst du dir auch vorstellen, dass der Schutzkreis dein ganzes Zimmer oder Haus umgibt. So kannst du jederzeit hin und her laufen.

Was ist, wenn ich keine Rassel habe um einen Schutzkreis zu ziehen?
Als Alternative kannst du auch ein Räucherstäbchen nehmen oder du bastelst dir ganz schnell eine Rassel. Nimm dazu eine leere Metalldose und 10 Kaffeebohnen.

Kann ich den Anrufungstext auch abändern?
Ja, natürlich kannst du das tun. Ich habe selbst gemerkt, dass nach unserer westlichen Tradition die Himmelsrichtungen für mich besser passen, wenn ich diese mit folgenden Elementen verbinde:

Osten – Luft
Süden – Feuer
Westen – Wasser
Norden – Erde
Oben – Himmelsvater
Unten – Erdenmutter

Hier eine kleine Variante der Anrufung die genauso gut wirkt:

„Geist des Ostens und der Luft komm in meinen Kreis.
Geist des Südens und des Feuers komm in meinen Kreis.
Geist des Westens und des Wassers komm in meinen Kreis.
Geist des Nordens und der Erde komm in meinen Kreis.
Himmelsvater oben komm in meinen Kreis.
Erdenmutter unten komm in meinen Kreis.“

Welche Art von Kerzen und Räucherungen soll ich verwenden?
Weiße Stumpenkerzen oder Teelichter eignen sich sehr gut. Als Räucherwerk: Weihrauch, Weißer Salbei, Drachenblut, Palo Santo, Lavendel, Salbei oder Nag Champa.

Muss der Schutzkreis aufgelöst werden?
Nein, du kannst nach getaner Arbeit einfach den Schutzkreis verlassen. Jedoch habe ich eine eigene Anrufung dafür entwickelt: „Ihr himmlischen Königreiche des Ostens, Südens, Westens, Nordens, habt Dank für eure Hilfe, seid nun wieder entlassen aus meinem Kreis. Himmelsvater oben Erdenmutter unten habt Dank, dass ihr kamt herbei, kehret nun wieder zurück in euer magisches Königreich."

Sind die Augen offen oder geschlossen bei der Reise?
Geschlossen, dadurch hast du besseren Zugang zu deinem Unterbewusstsein und dein inneres drittes Auge kann sich entfalten.

Hier ist ein Beispiel einer Anrufung der Geister:

„Geist des Ostens, von wo das Licht kommt
Element der Luft, Hüter des heiligen Wissens
Komm in unseren Kreis und erhelle uns."

„Geist des Südens, wo die Sonne am stärksten ist
Element des Feuers, Hüter der schamanischen Kraft
Komm in unseren Kreis und stärke uns."

„Geist des Westens, wo die Sonne untergeht
Element des Wassers, Hüter der kosmischen Gefühle
Komm in unseren Kreis und verwandle uns."

„Geist des Nordens, wo die Sonne ruht
Element der Erde, Hüter der Weisheit
Komm in unseren Kreis und lehre uns."

„Himmelsvater oben, Kraft des Lebens
Komm in unseren Kreis und schütze uns."

„Erdenmutter unten, Kraft der Liebe
Komm in unseren Kreis und nähre uns."

Danach kann es endlich losgehen mit deiner ersten schamanischen Reise. **Lege eine schamanische Trommel-CD, die im Herzrhythmus gespielt ist, ein.** Für jede Reise formuliere dir ein klares Ziel und überlege dir deine Frage, die du hast. **Die erste Frage lautet: Wie sieht mein Kraftplatz aus? Und welches ist mein Krafttier?**

Schamanische Reise zum Krafttier (Übung 5)

Dein Krafttier findest du am Anfang deiner Reise in der **unteren Welt.** Deshalb ist es wichtig, dass du auch einen Einstieg nach unten findest. Für die Reise in die untere Welt brauchst du einen Eintritt. Diese Öffnung kann ein Spalt im Boden, eine Wurzel, eine Höhle, ein See, ein Fuchsbau oder jeglicher Eingang unter die Erde sein. Die Öffnung muss nicht real vorhanden sein, du kannst sie dir auch vorstellen. Stell dir vor wie du dort hineingehst, kletterst, fällst oder tauchst. Meist wird dich ein Tunnel erwarten, auf dessen anderer Seite sich eine neue Welt befindet. Dies ist die untere Welt. Tauchen Hindernisse auf, so versuche sie zu beseitigen oder sie zu umgehen. Auf späteren Reisen wird dir dein Krafttier helfen können. Ab und zu nutzt es auch zu beten und aktiv um Hilfe zu bitten. Oft kommt dann Unterstützung von irgendwoher. Die untere Welt ist Teil deines Unterbewusstseins, du reist also in dir, in dein eigenes Inneres. Deshalb brauchst du keine Angst zu haben es kann dir absolut nichts geschehen. Alle Bilder und Erlebnisse, die du siehst oder fühlst, sind Teil von dir, von dir selbst kreiert und nur du selbst kannst diese auch verändern.

Du startest von deinem **Kraftplatz** aus und suchst dir einen Eingang. Jetzt kommt natürlich die Frage wo oder was ist mein Kraftplatz?

Dein Kraftplatz

Ein Kraftplatz ist in dir selbst, ein Ort der Ruhe des Friedens und der Harmonie. Dein Kraftplatz gibt dir die Möglichkeit dich dort mit Kraft aufzuladen. Deine schamanische Tankstelle sozusagen.

Dieser Platz des Friedens und Auftankens kann dir bekannt oder sonst irgendein schöner Ort sein. Du kannst dir einfach spontan einen schönen Ort vorstellen z. B. einen Strand am Meer, eine Waldlichtung, einen Wasserfall im Paradies oder was du gerne magst. Was sich nicht so gut eignet wäre dein Bett oder Sofa von Zuhause. Der „Ort" soll lebendig sein und dir die Möglichkeit geben in eine andere Welt abzutauchen. Hast du deinen Kraftplatz gefunden? Gut, genieße diesen Platz für eine Weile. Dann erkunde, ob du einen Spalt oder sonstigen Eingang unter der Oberfläche findest und folge ihm.

Deinem Krafttier begegnen

In der unteren Welt angelangt schaust du, ob du irgendwo Tiere siehst, du solltest auch rufen: „Krafttier ich rufe dich, bitte komm zu mir!"

Man sagt, wenn sich ein bestimmtes Tier auf deiner Reise 3-mal zeigt, so will es dir damit vermitteln, dass es dein Krafttier ist.

Aber ich persönlich finde es einfach besser, direkt Kontakt mit den Tieren aufzunehmen und sie direkt zu fragen, die Antworten sind meist sehr klar zu interpretieren. Kopfschütteln „Nein“, nicken „Ja“.

Ist das Krafttier bei dir, so frage es, welche Eigenschaften es für dich hat (welche „Medizin“) und wie es dir helfen kann. Frage so lange, bis du alles verstanden hast. Nun kannst du die Zeit mit ihm genießen. Ihr könnt euch anfreunden, bis die schamanische Trommelmusik dich zurückruft. **Dann danke deinem Krafttier und nimm es auf jeden Fall mit von der unteren Welt auf deinen Kraftplatz in die mittlere Welt, damit es für dich aktiv werden kann.** Danach verabschiede dich, um in dein Tagesbewusstsein zurückzugehen.

Hast du dein Krafttier aktiviert, so kann es sein, dass du auch im Alltag das Gefühl hast es sei bei dir, dies ist ein sehr gutes Zeichen.

Fragen bezüglich des „Krafttieres“ aus meiner Praxis:

Was mache ich, wenn ich mein Krafttier nicht finde?
Wiederhole einfach die Reise so lange bis du es gefunden hast. Ganz wichtig: Setze dich selbst nicht unter Druck.

Ich liebe Wölfe und will unbedingt einen Wolf haben, kann ich beeinflussen welches Krafttier ich sehe?
Ja und Nein lautet meine Antwort. Natürlich kannst du dir gedanklich vorstellen, dass du auf deiner Reise einen Wolf siehst. Jedoch ist das Wunschdenken und der vorgestellte Wolf (d)ein Helfertier. Das echte Krafttier, welches dir wirklich bestimmt ist, wird sich dir in seiner ureigenen Form zeigen und das kannst du nicht beeinflussen. Das ist das Phänomenologische an den schamanischen Reisen, wenn sie richtig durchgeführt werden.

Kann man auch mehrere Krafttiere haben?
Ja, das gibt es. Ich persönlich habe zwei, ein weißes Einhorn und einen weißen Hasen, später kam sogar noch ein Drache hinzu.

Ich habe gehört, es gibt auch Helfertiere. Was ist der Unterschied?
Krafttiere sind schon seit der Geburt mit dem Menschen verbunden, Helfertiere können jederzeit gerufen werden.

Wie lange bleibt ein Krafttier? Kann ein Krafttier wechseln?
Krafttiere sind seit deiner Geburt mit dir verbunden, bleiben also immer bei dir. Jedoch kann es möglich sein, dass es seine Form verändert oder ein anderes Krafttier den Platz des alten einnimmt. Dies hat etwas mit deiner Weiterentwicklung zu tun, passiert aber nicht so häufig.

Was kann ein Krafttier alles tun?
Das Krafttier kann Dinge für dich tun, die du selbst nicht vermagst, z. B. Seelenteile zurückzubringen, dich mit anderen Welten verbinden ohne dass du selbst in Gefahr gerätst. Es ist ein wunderbarer geistiger Helfer und gehört zu deinem Engelsteam, wozu auch dein Schutzengel und Geistführer zählt.

Was ist mit meinem Haustier? Ist das auch ein Krafttier?
Nein, aber ein gutes Helfertier und dein Freund. Manchmal hast du wirklich die gleiche Sorte Haustier zuhause wie dein Krafttier, das ist wunderbar. Ein ganz wichtiger Punkt ist auch die Tierkommunikation. Du kannst dein Krafttier bitten mit deinem Haustier Kontakt aufzunehmen. Da dein Krafttier ja auch ein Tier ist, kann es dir die Gefühle und Gedanken deines Haustieres wunderbar übermitteln.

Ich habe gehört, es gibt besondere Krafttiere?
Zunächst sei erwähnt: Jedes Krafttier ist etwas Besonderes! Aber du hast Recht. Schamanen unterscheiden zwischen „normalen" und „speziellen" Krafttieren. Spezielle Krafttiere sind: Einhorn, Drache, Phoenix. Diese Krafttiere sind Sagengestalten, ihnen kommt eine besondere Bedeutung zu und sie zählen nicht zu den gewöhnlichen Krafttieren, da sie nicht in der freien Wildbahn vorkommen. Außerdem gibt es besondere Krafttiere, die Hüter der Elemente sind:

Feuer – Salamander, Drachen
Wasser – Fische, Frösche, Einhörner
Luft – Vögel, Adler
Erde - Schildkröte, Erdmännchen, Elefanten

Die schamanische Legende der Krafttiere

In den alten Mythen und Geschichten haben Krafttiere schon immer eine große Rolle gespielt. Sie wurden nicht nur als dem Menschen ebenbürtig betrachtet. sondern galten als „Verwandte" des Menschen.

In einigen Mythen finden wir z. B. die Aussage, dass Tiere und Menschen früher miteinander sprechen konnten. Aufgrund widriger Umstände entstand jedoch irgendwann einmal eine Trennung zwischen Mensch und Tier. Sie konnten sich plötzlich nicht mehr verständigen. **Man sagt jedoch von den Schamanen, dass sie diese Verbindung immer aufrechterhalten haben und dass sie die einzigen sind, die heute noch dazu fähig sind, mit den Tieren zu sprechen**. In den Geschichten und Legenden wurden die Tiere immer mit bestimmten Attributen, Eigenschaften und Fähigkeiten beschrieben. Man beschrieb die Tiere so, wie man auch Menschen beschreiben würde. Die Beschreibungen der einzelnen Tiercharaktere unterscheiden sich von Stamm zu Stamm, natürlich gibt es auch viele Übereinstimmungen. Hinzu kommt auch, dass die Eigenschaften, die man den Tieren zuschrieb, nie vollkommen eindeutig festgelegt wurden. Es gab meist so etwas wie eine allgemeine Bedeutung, die man den Tieren zuschrieb. Außerdem kamen dann noch die Visionen derjenigen hinzu, die den Kontakt zu verschiedenen Tieren pflegten. Diese prägten oft das Bild eines Tieres auf eine vielleicht etwas ungewöhnliche Weise. Für den Schamanen ist jedoch die allgemeine Bedeutung einer bestimmten Tierart nicht so wichtig, da er ja den direkten und unmittelbaren Kontakt zu seinem Krafttier hat und mit ihm sprechen kann, ist es für ihn nicht nötig, sich mit abstrakten Deutungen auseinanderzusetzen. **Wenn er also z. B. mehr über die Eigenschaften seines Krafttiers erfahren möchte, kann er es selbst fragen. Das Krafttier wird ihm dann mitteilen, wie er es rufen kann, welche Kraft es besitzt. was es für ihn tun kann und was es als Gegenleistung erwartet.**

Hier nun einige Krafttiere und ihre „Medizin“ :

Adler	Großer Geist, Macht der Askese, wacht als Heilung aller Leiden, verwandelt die Seele des Schamanen, Herrschaft, Sieg, geistige Erleuchtung, hoch fliegend, inspirierend, Räuber, starke Flügel, scharfe Augen, Mut.
Bär	Ruhe, Suche nach Wahrheit im eigenen Inneren, Selbstbeobachtung, Mysterien, Stärke, Mut, Schutz, die Macht des Unbewussten erwecken.
Biber	Symbol für Kreativität, praktische und konstruktive Anwendung von Ideen, Verbindung zwischen Körper und Geist, Vision, praktische Planung, Umsetzung, Stabilität, Dickköpfigkeit, aufgestaute Gefühle, bibbern vor Angst oder Kälte, eine Gabe die aus harter Arbeit entsteht.
Bison	Reichtum, Überfluss, trägt die Welt auf den Beinen, die sich regelmäßig abnutzen, Beharrlichkeit, Gleichmut, Überfluss, massig, inspirierend, langes Leben, Medizin, kraftvoller primär-wilder Aspekt des Seins, freies Umherstreifen.
Dachs	Besonders aggressiv, verkörpert die Stärke, die Zähigkeit und die Ausübung der Heilkunde, kühnes Selbstvertrauen, Wächter der Geschichten, starker Beschützer, Wut, Heilung, Intuition.
Delphin	Feinfühligkeit, Telepathie, Lebensfreude.
Drache	Dynamische Kraft, Stärke, Einweihung.
Eichhörnchen	Lebensfreude, Kommunikation, Öffnung.
Eidechse	Tarnung, Erneuerung, Regeneration.
Einhorn	Reinheit, Selbsterneuerung, kosmische Kraft.
Elch	Sinnbild für den Widerstand, Selbstachtung, Wiedergeburt, der Baum des Lebens entsteht aus seinen Hörnern, Qualität, Wahrheit, Lebenskraft, weibliche Urenergie, Magie von Leben und Tod, massig, kraftvoll, stark, weise, uralt, die eigene Kraft und Macht.
Elefant	Geduld, Weisheit, Stabilität.
Ente	Vertrauen, Gleichgewicht, Wärme.
Esel	Eigenwilligkeit, Feinfühligkeit, Gnade.
Eule	Sinnbild der Erleuchtung, Fähigkeit die Dunkelheit zu durchdringen, zeigt den Seelen den Weg ins Jenseits, tiefe Weisheit, prüfende Blicke, Einweihung, nächtliche Vision, Verstehen des Unbekannten, Kraft durch Verletzlichkeit,

Geheimnis der Stille, gut hörend, Bote, altes Wissen, Stärke, Weiblichkeit, Paradox, Geheimnis, Überbringer der Träume.

Falke	Abgehobene Anschauung der Dinge, Beobachter, Herrscher, Bote, Eleganz, Schnelligkeit, Aufbruch, visionäre Kraft, Wächter, Beweglichkeit und Anmut, weit und klar sehend, hoch fliegend, große beseelte Jäger, helle und dunkle Phasen, Furchtlosigkeit, Ungeduld.
Fisch	Anpassung, Schwimmen mit dem Strom, Balance, Ausgeglichenheit, Überfluss, Intuition, feinstoffliche Energie.
Fledermaus	Hellsicht, Erinnerung an frühere Leben und einen Weg aus dem Dunkel findend, Unsterblichkeit, Schattenweisheiten.
Frosch	Fruchtbarkeit, Kreativität, Entwicklung, Heilung.
Fuchs	Anpassungsfähigkeit (Fellwechsel), Tarnung, Geheimnis, Beobachtung, Schlauheit, Vorsicht, Gestaltwandlung, Überlebenskünstler, listig, verschmitzt, unsichtbar wenn er es will, widersprüchlich, Erfindungsreichtum.
Gans	Reinheit, Treue, Zuverlässigkeit, Wachsamkeit.
Geier	Magisches Wissen, Schutz, Reinigung.
Habicht	Steigerung der Lebenskraft, Wachstum, kreatives Potential.
Hahn	Harmonie des Kosmos, die Disziplin, die Kontrolle, Wachsamkeit, Fruchtbarkeit, Vitalität, Sexualität, Auferstehung.
Hase	Sanftmut, Unschuld, nimmt am Unerkennbaren teil, der zivilisierende Held, der mythische Vorfahre der die Ungeheuer bekämpft und die Erde neu erschafft, Fruchtbarkeit, Hingabe, Schüchternheit, Zurückgezogenheit, bedingungslose Liebe, Weiblichkeit, schnelles Wachstum auf dem spirituellen Weg.
Hirsch	Anmut, Liebreiz, Schönheit, alljährliche Wiedergeburt (Geweih), Lebensenergie, geistiges Bewusstsein, Öffnung, einfühlend, anmutig, sich schnell bewegend, intuitiv, schlau, erfindungsreich, kreativ, Anwachsen von Heilbefähigung oder intuitivem Wissen.
Huhn	Wachsamkeit, Fruchtbarkeit, Vitalität.
Hund	Loyalität, Mitleid, Liebenswürdigkeit, Spürsinn, Führung.
Jaguar	Magie, Einweihung, Führung.
Kamel	Ausdauer, Mäßigkeit, Durchhaltevermögen.
Katze	Weiblichkeit, Liebe, Kraft, Selbstbestimmtheit, Freiheitsliebe, siebter Sinn.

Kobra	Heilendes Regenbogenlicht, Schutzschild, aufsteigende Energie (Kundalini-Kraft).
Kojote	Der Götterbote, List, Täuschung, närrische Weisheit, Wachstum, Erkenntnis, wild, schlau, heilig, Ausdauer, Anpassungsfähigkeit, schnell.
Kolibri	Freude, Geschwindigkeit, freie Energie, Herzendfrequenz.
Krähe	Bote, oft auch als Bote des Jenseits, Achtsamkeit, verborgene Seiten.
Kranich	Wachsamkeit, Erneuerung, Unsterblichkeit.
Krebs	Vision, Weiblichkeit, verborgenes Gleichgewicht.
Krokodil	Transformation, Kollektivkräfte, Heilung.
Kuh	Segen, Mütterlichkeit, Fülle, Überfluss.
Lachs	Herr der Weisheit, Verjüngung, emotionale Kraft, Stärke, Stabilität, mutig, traditionsbewusst, einer Vision folgend, Vertrauen, Entschlossenheit, Suchen nach deiner wahren Natur, Wissen um deinen Instinkt.
Leopard	Perfektion, Konzentration, Schutz.
Libelle	Illusion, Träumereien.
Löwe	Autorität, Selbstvertrauen, Kraft, Wachheit, aufmerksam, neugierig, interessiert.
Luchs	Geheimnisse, Stille, Geist, Vitalität, Unabhängigkeit.
Maus	Vorsorge, Sammeln der Kräfte, Aufmerksamkeit auf Einzelheiten, Unschuld, Vertrauen, Alltagswunder, Forscherdrang, das sehen was sich direkt vor deinen Augen befindet, in dein Inneres blicken, Verbindung, Komplexität, Gleichgewicht.
Ochse	Ausdauer, Grundlage, tragende Kraft.
Otter	Herr der Erde und des Wassers, er erscheint und verschwindet wieder, weibliche Medizin, Heilung, Sinnlichkeit, Originalität, Vision, Lebensfreude, Freigiebigkeit, verspielt, familienorientiert, Rast und Reinigung, Verbindung zum inneren Kind, zulassen, dass Neugier dich führt, wachsende Geselligkeit/Freundeskreis.
Pferd	Freiheit, geistige und spirituelle Macht, führt den Schamanen in den Himmel, Kraft, Schönheit, Kontrolle, Einweihung, Begeisterung, Freiheit, Neubeginn, Aufbruch, inspirierend, Held, älterer Bruder, Fluchtgeschwindigkeit,
Phönix	Erneuerung, Wandlung, Auferstehung.

Puma	Macht eingesetzt für wohltätige Zwecke, Stärke, Anmut, Gleichgewicht, Wiedergeburt (Mond), Ausdauer, Gesundheit, Geschwindigkeit, in die eigene Kraft eintreten, Wildheit, nicht zu fassen, schützend, Geheimnis, wilder Aspekt der Natur, Wissen um den Jäger in dir.
Rabe	Der göttliche Schelm, Verantwortlicher der Schöpfung, Gastaltwandlung, Zwiespältigkeit, Macht, Magie, Farben der Dunkelheit, Gesetz, Anfang und Ende, Einweihung, Intelligenz.
Ratte	Charisma, Intelligenz, Anpassung.
Reh	Sanftmut, Verwirklichung, Kraft der Seele.
Salamander	Feuer, Wandlung, Vergebung.
Schaf	Unschuld, Sanftmut, Träume.
Schildkröte	Härte des Panzers, Langlebigkeit verkörpert die Erde, führt die Neugeborenen, Meditation, Frieden, Rückzug, Mutterschaft, Dienst, Opfer, Ausdauer, Stabilität, Bereitschaft sich für andere hinzugeben, Gabe alter Weisheit, Schutz.
Schlange	Ewiger Wandel, Wiedergeburt, List, Lebens- und Sexualenergie, Vergeistigung der Triebkräfte, Selbstheilung, geheimnisvoll, alte Kräfte, transformierend.
Schmetterling	Verkörperung der Seele, Metamorphose, Verspieltheit, Leichtigkeit, Tanz der Freude, kreativ, exotisch, visionär, Heiler, Veränderung.
Schwan	Schönheit, Verwandlung, Integration.
Schwein	Wohlstand, Glück, Erfolg.
Seelöwe	Magische Fähigkeiten, Vertrauen, kollektives Unbewusstes, Verspieltheit.
Skorpion	Tiefe Einsichten, Vergehen und Werden, Befreiung.
Specht	Sinnbild für Sicherheit, Fortbestehen der Art, Wiedergeburt, Imagination, emotionale Entfaltung, Innenschau, Beziehung, trommelnd, neugierig beobachtend.
Spinne	Schöpferin der Erde, Weben des Schicksals, Jagd, Einsamkeit, Träume, Visionen, Schöpferkraft, Kreativität, Beschützer, Zwiespältigkeit, Einheit, deine Intuition.
Steinbock	Wachstumskraft, Wille, Stabilität, spirituelle Prüfung.
Stier	Stärke, männliche Macht, Zeugungskraft.
Taube	Liebe, Frieden.

Tiger	Begeisterung, Schöpferkraft, Rebellion, Sanftheit, Natürlichkeit, Nichtarroganz.
Truthahn	Fülle, Fruchtbarkeit, Selbstaufopferung, Zeugungskraft, Segen, Ernte, kraftvoll, heilig.
Wal	Spirituelle Entwicklung, altes Wissen, Fernkommunikation, Gesang, Stimme.
Waschbär	Bewegung im Schatten, Erdmagie, Begehren.
Widder	Willenskraft, Durchsetzung, Tatendrang.
Wildente	Verkörperung der Seele, Instinkte der Liebe, Vertrauen, Gleichgewicht, Wärme, emotionaler Trost, Schutz.
Windpferd	Glück, gute Energie, glückliche Energie.
Wolf	Liest in der Zukunft, bringt Medizinkenntnisse, er eilt zu denen, die ihn rufen um sie auf den heiligen Weg des Schamanismus zu begleiten, Lehrer, Führer, Eremit, Sippe, Instinkt, Wächter, Ritual, Geist, liebevoll, kraftvoll, schlau, ausweichend, schützend, unterscheidend, mitleidig, Treue, Loyalität, Beharrlichkeit, Obhut, Wegfinder.
Ziege	Fruchtbarkeit, Lebenskraft, Füllhorn.

Selbstverständlich sind das nur einige Beispiele. Frage dein Krafttier selbst was es für dich tun kann. Die Antwort wird meist sehr eindeutig sein.

Nachdem du deinem Krafttier begegnet bist, was ein sehr wichtiger Teil der schamanischen Reise darstellt, solltet du nun auch noch weitere Helfer kennenlernen, die dich unterstützen:

Reise zum Lehrer der unteren Welt (Übung 6)

Dein Lehrer der unteren Welt ist Experte was dein Unterbewusstsein betrifft. Er kennt genau deine Stärken, Kräfte und weiß um deine Schwächen und Ängste. Um ihn zu treffen startest du wieder auf deinem Kraftplatz und bittest dein Krafttier dich zu ihm zu führen.

Dein unterer Lehrer kann ganz unterschiedlich aussehen, er kann als Baum, Berg, Pflanzengeist oder sonstiges Wesen auftauchen. Wichtig ist, dass es Bewusstsein hat und mit dir kommunizieren kann. Wenn du dir unsicher bist, dann frage einfach: **„Bist du mein unterer Lehrer?“** Er oder sie wird sich dir zu erkennen geben. Außerdem frage bitte noch, wie er dir helfen kann und was er für dich bedeutet. Sei nicht zu schüchtern und frage so lange, bis dir alles klar ist. Wie nach jedem Gespräch bedanke dich.

Dann gehst du zurück zu deinem Kraftplatz und kommst in die Gegenwart zurück.

Schreibe deine Erlebnisse am besten gleich auf, bevor du diese wieder vergessen hast. Ähnlich wie bei Träumen sind bei schamanischen Reisen die Erinnerungen kurz nach der Rückkehr noch lebendig schon einige Minuten später kann es schwierig werden alles wiederzugeben. Deshalb bitte immer alles gleich aufschreiben.

Fragen bezüglich „unterer Lehrer“ aus meiner Praxis:

Was kann ich meinen unteren Lehrer alles fragen?
Dein unterer Lehrer hütet die Schatzkammer deines Unterbewusstseins. Du kannst ihm alle Frage stellen, die mit deiner Vergangenheit und deiner Kindheit zu tun haben. Außerdem hütet der untere Lehrer auch deine eigene Kraft und kennt deine Ängste und weiß genau Bescheid über deine vergangen Leben. Auch bei Seelenteil-Rückholungen kann dir dein unterer Lehrer behilflich sein.

Wieso finde ich meinen unteren Lehrer nicht oder kann ihn nicht sehen?
Meistens ist es so, dass wir Angst haben unseren eigenen Fähigkeiten zu vertrauen. Oftmals glauben wir auch nicht, dass es so einfach sein kann und suchen nach komplizierten Wegen. Lass dich einfach führen. Vergiss nicht, du hast dein Krafttier zur Hilfe und es wird dich führen. Oftmals kann es sein, dass sich dein Lehrer nicht bildlich zeigt und du hörst vielleicht nur seine Stimme oder du fühlst seine Anwesenheit. Das ist vollkommen okay und funktioniert genauso als ob du ihn sehen würdest.
Das klappt ja schon ziemlich gut. Jetzt, da du dein Krafttier und deinen unteren Lehrer kennengelernt hast, möchte ich die Gelegenheit nutzen und dich auch noch mit deinem oberen Lehrer bekanntmachen.

Die obere Welt genauer angesehen

Im Gegensatz zur unteren Welt ist es in der oberen Welt komplett anders. Viele vergleichen die obere Welt mit dem Himmel sehen dort Lichtwesen und Wolken auf denen sie entlang laufen. Egal welches Bild du auch gezeigt bekommst, es sollte immer hell, leicht, luftig und weit sein. Dann bist du nämlich richtig. Du solltest von deinem Kraftplatz aus dir immer einen Weg nach oben suchen. Das kann eine Treppe, ein Fahrstuhl oder einfach ein Engel sein, der dich nach oben geleitet oder dir Flügel umschnallt. Die obere Welt bietet dir Möglichkeiten deinen oberen Lehrer zu befragen oder Kontakt zu deinem Schutzengel, deinem höherem Selbst oder anderen Geistwesen aufzunehmen.

Reise zum Lehrer der oberen Welt (Übung 7)

Dein oberer Lehrer ist der Experte für spirituelle Fragen und kann Kontakt mit deinem höheren Selbst und höheren Geistwesen wie z. B. deinem Schutzengel herstellen. Er kennt deine Lebensaufgabe und kann dir bei Zukunftsfragen behilflich sein. So gelangst du zu ihm: Vom Kraftplatz aus startest du in die obere Welt. Bitte darum, deinen Lehrer dort zu treffen. Vielleicht wartet dort jemand oder etwas, das du fragen kannst, oder du ziehst so jemanden herbei, der dir den Weg zeigt. Durch die Frage: **„Bist du mein Lehrer?“** kannst du ihn identifizieren. Von ihm bekommst du Antworten aus dem spirituellen Bereich oder Antworten, die du in der unteren Welt nicht finden kannst.

Fragen bezüglich „oberer Lehrer“ aus meiner Praxis:

Was kann ich meinen oberen Lehrer alles fragen?
Dein oberer Lehrer trägt sehr viel Weisheit und Wissen in sich. Alle Fragen um spirituelle Begabungen. Tiefere Zusammenhänge von bestimmten zukünftigen Situationen. Kontakt zu deinem höheren Selbst. Kontakt zu deinem Schutzengel alles was mit dem Jenseits zu tun hat. Auch bei verlorenen Seelenanteilen kann er dir gerne helfen. Dein unterer und oberer Lehrer arbeiten eng miteinander zusammen und deshalb kann es sein, dass du auch mal von oben nach unten geschickt wirst, um verschiedene Seelenanteile zurück zu holen.

Wie kann ich meinen oberen Lehrer erkennen?
Dein oberer Lehrer wird sich dir offenbaren. Er gibt dir ganz eindeutige Signale oder du weißt es einfach. Im Zweifelsfall frage einfach „Bist du mein oberer Lehrer?“ Die Antwort ist bereits die Lösung. Wenn nichts hilft, kannst du diese Reise auch einfach wiederholen bis es klappt. Sei geduldig mit dir und alles wird gut, schamanisches Reisen benötigt Aufmerksamkeit und Geduld.

Die Reise in die mittlere Welt

Um dein schamanisches Wissen abzurunden solltest du auch ganz bewusst einmal eine Reise in die mittlere Welt machen. Die mittlere Welt ist ein Teil vom Hier und Jetzt. Die Gesetzmäßigkeiten besagen, dass die Zeit, aber nicht der Raum regiert. Das bedeutet, du kannst wunderbar dort jemanden auf dieser Ebene besuchen, der sich in der alltäglichen Wirklichkeit befindet. Du reist nicht über deinen Kraftplatz sondern ganz direkt dorthin, dein Krafttier hilft dir dabei. Du kannst z. B. die Seele von jemandem im Krankenhaus besuchen und aus der Ferne etwas für ihn tun. Frage bevor du jemandem etwas Gutes tun möchtest. Bitte immer um Erlaubnis, ob Derjenige und seine Seele das auch wirklich möchten.

Um „Erlaubnis" fragen (Übung 8)

Möchtest du für jemand anderen reisen, so frage bitte vorher immer um Erlaubnis. Das ist sehr wichtig, da Schamanismus eine aktive Kraft ist und du jedes Mal, und sei es auch noch so wenig, immer ein kleine Veränderung der Situation herbeiführst.

Selbst wenn du nur mal kurz für ein paar Minuten dort hinreist.

Warum? Du bereist schamanisch die innere Welt der Person, die dich um Hilfe gebeten hat. Dein Krafttier geleitet dich in ihr Innerstes und dort triffst du auf Wächter. Diese Wächter sind der Schutz den jeder Mensch hat. Wenn du nun die Erlaubnis hast von der Person für die du auf reisen gehst, lassen dich die Wächter passieren. **Dadurch bekommst du die Möglichkeit Veränderungen im Energiefeld der Person vorzunehmen. Außerdem ist nur mit Einwilligung der anderen Person Entwicklung und Heilung auf allen Ebenen möglich.**

Um die Erlaubnis von der Person zu bekommen, für die es gilt zu reisen, bitte dein Krafttier darum diese einzuholen. Die Antwort wird meist eindeutig sein.

Fragen bezüglich „Erlaubnis" aus meiner Praxis:

Warum bekomme ich nicht immer die Erlaubnis?
Das hängt immer mit dem großen Ganzen zusammen. Das höhere Selbst, von wo aus die Erlaubnis erteilt wird, weiß ganz genau ob es der richtige Zeitpunkt ist oder nicht. Meistens steht immer eine größere Aufgabe dahinter, die es zu lernen gilt, bevor die Erlaubnis erteilt wird.

Wenn ich einmal um Erlaubnis gefragt und diese erhalten habe, gilt das dann für immer?
Nein, diese Erlaubnis gilt nur für dieses eine Thema. Vor jeder neuen Reise brauchst du erneut eine Erlaubnis.

Was mache ich wenn ich keine Erlaubnis bekomme?
Nicht gesund zu werden ist gegen die Natur und man muss sehr viel Kraft und Energie aufbringen um diesen Zustand aufrechtzuerhalten, laut Sandra Ingermann. Das bedeutet, wenn eine Person lieber im Leid bleibt, obwohl du ihr angeboten hast ihr zu helfen, akzeptiere bitte diese Entscheidung. Irgendwann vielleicht wird sich diese Person erinnern und aus freien Stücken auf dich zukommen und um Hilfe bitten, wenn sie dazu bereit ist.

Die schamanische Chakren-Reise

Jedes Chakra besitzt einen Hüter (meist ein Krafttier) und den solltest du auf jeden Fall kennenlernen. Da jedes Chakra eine andere Eigenschaft hat, können auch die Hüter ganz individuell sein.

Reise in dein Wurzelchakra (Übung 9)

Diese Reise dient dazu, dein Wurzelchakra in Harmonie zu bringen. Chakren können geschwächt, schutzlos oder ganz geschlossen sein. Dann fühlt man sich nicht gesund und instabil oder traurig.

Auch jedes Chakra hat unterschiedliche Energien. Kontakt und Heilung kann man erreichen, indem man mit den Krafttieren der Chakren arbeitet. Da es sieben Hauptchakren gibt, startest du mit dem ersten deinem Wurzelchakra. Da dies eine Reise in die mittlere Welt ist, brauchst du nicht über deinen Kraftplatz zu gehen, sondern kannst direkt dort hinein reisen. Mit Hilfe der Trommelmusik kannst du, sobald diese erklingt, einfach in dein Wurzelchakra reisen. Lass dich dort hineinziehen und schau dich genau um. Normalerweise ist es dort kraftvoll rot und energiegeladen und du findest auch ein Krafttier, das dem Chakra zugeteilt ist. Frage das Tier, dem du dort begegnest, was es braucht um sich gut zu fühlen. Hilf ihm wenn du siehst, dass es leidet oder es ihm nicht gut geht. Du hast alle Möglichkeiten um ihm zu helfen, es wird dir meistens genau sagen was es möchte z. B. Futter, Wasser, streicheln, irgendeine Art von Heilenergie oder gestalte das Umfeld dort so, das es zu dem Krafttier passt.

Ein Beispiel: Siehst du einen Tiger auf einer Eisscholle in deinem Wurzelchakra sitzen, so gehört dort auf keinen Fall eine Eislandschaft hin.

Der Tiger gehört in die Steppe oder den Dschungel. Sorge mit deiner Vorstellungskraft dafür, dass dieser auch nun das richtige Umfeld erhält. Dadurch holst du die ursprüngliche Kraft zurück. Natürlich sollte es in einem Chakra auch sauber sein, ist überall Schmutz und Unrat so beseitige ihn und putze alles durch bis es sich gut anfühlt. Du kannst auch mit den Farben der einzelnen Chakren arbeiten und im Falle des Wurzelchakras ein schönes leuchtendes ROT benutzen.

Wenn alles dunkel ist und du nichts wahrnimmst, dann schalte einfach den Lichtschalter ein. Wenn du alles gereinigt und geheilt hast, bedanke dich bei dem Krafttier und komme zurück ins Hier und Jetzt und teste nach.

Nachdem du so wunderbar in dein Wurzelchakra gereist bist, tue das bitte mit **sämtlichen anderen sechs Chakren** für dich persönlich auch.

Du wirst sehen, jedes deiner Chakren hat ein anderes Thema und auch ein anderes Krafttier, das dort auf dich wartet. Die Krafttiere der Chakren können dir helfen dauerhaft deine Chakren in Harmonie und Vitalität zu bringen. Außerdem halten alle Krafttiere ein Geschenk für dich bereit. Lass dich überraschen, da diese ganz individuell sind. Bei mir war es im Wurzelchakra die Lebensfreude.

Fragen bezüglich „Chakren“ aus meiner Praxis:

Kann ich auch Smoothies für die einzelnen Chakren herstellen?

Ja klar, hier die Rezepte für deine Chakra-Smoothies:
Rot – Himbeeren, Erdbeeren und Wasser
Orange – Orangen, Orangenöl und Mandelmilch
Gelb – Zitrone, Zitronenschale und Joghurt
Grün – Ruccola/Kresse, Spinat, etwas Gurke und Mandelmilch
Blau – Blaubeeren und Mandelmilch
Lila – Brombeere und Mandelmilch
Weiß Gold – Mandelmilch und Honig
Bei Bedarf einen Tropfen naturreine Ätherische Öle hinzufügen.

Die Menge kannst du selbst bestimmen, da gibt es keine Regeln. Einfach ausprobieren oder dein Immunsystem befragen wieviel es möchte.

Wie kann ich ein Chakra austesten?

Für dich selbst: Frage dein Krafttier welches Chakra du bereisen sollst oder gehe intuitiv zu dem Chakra welches dich am meisten oder wenigsten anspricht. Achte auf dein Gefühl und handle intuitiv.

Für andere Personen: Du stellst dich neben deinen Freund und testest die Chakren aus. Du kannst mit der Handinnenfläche nah am Körper beginnen oder dich auch aus größerer Entfernung annähern. Nimm dir Zeit, diese Chakrenenergien zu spüren. Stelle fest, welche Chakren gestört sind (das sind die, bei denen du kaum oder keine Energie wahrnehmen kannst, oder die, die sich schlecht anfühlen). **Das Kronenchakra einer anderen Person sollten wir hierbei auslassen.**

Nun reise über eine Mittelweltreise zu den Chakren, die geschwächt sind. Frage das dortige Krafttier, was es braucht, um wieder zu Kräften zu kommen. Hilf dem Tier auf die gewünschte Art und schau danach, ob die Energie zwischen den sechs Chakren frei fließt. Bedanke dich bei den Krafttieren und komme zurück. Nun testest du nach, ob sich die Chakren geändert haben.

Welche Chakren gibt es nochmal?
Es gibt sieben Hauptchakren, die wir schamanisch bereisen können. Eigentlich sind es noch viel mehr, aber ich möchte mich hier auf die Grundlagen beschränken. Die sieben Chakren liegen übereinander und sorgen dafür, dass dein Körper-Seele-Geist System dauerhaft in Harmonie und Gesundheit bleibt.

Welche Ätherischen Öle kann ich bei den Chakren benutzen?
Ätherische Öle Naturrein können durch ihren Duft die einzelnen Energien der Chakren unterstützen und Blockaden lösen. Düfte die sich in der schamanischen Praxis bewährt haben sind: Wurzelchakra Sandelholzöl, Sakralchakra Orangenöl, Solarplexuschakra Zitronenöl, Herzchakra Rosenöl, Halschakra Eukalyptus. - oder Pfefferminzöl, 3. Auge-Chakra Lavendelöl, Kronenchakra Weihrauchöl.

Kann ich meine Chakren auch abräuchern?
Selbstverständlich kannst du das tun. Es gibt dafür sogar einzelne Chakra Räucherstäbchen oder Chakra-Kräutermischungen zum Räuchern. Diese

sind optimal auf das jeweilige Chakra abgestimmt. Du kannst diese Mischungen fertig kaufen oder aber auch selber herstellen → siehe Kapitel schamanische Rituale und Rezepte.

<u>Die einzelnen Themen der Chakren aus schamanischer Sicht:</u>

- Wurzelchakra – Urvertrauen – Kraft-Geldfluss (ROT)
- Sakralchakra – Kreativität-Lebensfreude- Sexualität (ORANGE)
- Solarplexuschakra – Erfolg nach Außen – Selbstwert (GELB)
- Herzchakra – Eigenliebe – Partnerschaft- Gefühle (GRÜN)
- Halschakra – Kommunikation – Wahrheit-Realität (BLAU)
- Drittes Auge-Chakra – Hellsichtige Wahrnehmung (LILA)
- Kronenchakra – Einheit erkennen – AllLiebe (WEIß)

Welche Altersstufen gibt es bei der Chakren-Arbeit?

Alle 7 Jahre durchreisen wir ein anderes Chakra und setzen uns mit dessen Lebensthema auseinander. Ab dem 56. Lebensjahr beginnt wieder alles von vorne aber auf einer nächsthöheren Ebene. Deshalb ist es wichtig sich schon in frühen Jahren mit sich selbst auseinanderzusetzen und seine Lebensthemen sowie seine Stärken und Schwächen zu kennen, zu bearbeiten und zu erlösen. Das geht wunderbar mit den schamanischen Chakrareisen.

Hier die genauen Altersstufen:

Das Wurzelchakra, 0-7 Jahre

Ätherisches Öl: Sandelholz (Rotes Sandelholz als Räucherung)

Traumen, Seelenteilverluste im Alter von 0-3 Jahre, Anbindungen zu Mutter und Vater, Konflikte im Elternhaus in der Prägephase bei den Personen, die uns aufgezogen haben (also auch Omas oder Opas oder Onkel und Tante). Außerdem Fehler oder Schwierigkeiten bei der Geburt (Frühgeburt, Fehlgeburten, angeborene Erkrankungen). Alle Traumen als Kleinkind können dort erkannt und behoben werden.

Im Alter von 4-7 Jahre haben wir ebenfalls eine Hochphase des Lernens und wir können allerlei missgünstige Situationen erlebt oder Programme mitbekommen haben, die uns später an unserer Entwicklung hindern oder sogar entgegenwirken. Wir wundern uns darüber, warum wir nicht glücklich sein können oder unsere Ziele sich nicht erfüllen. Im schlimmsten Fall geben wir auf und vertrauen niemandem mehr. Wie schade, denn wir haben immer eine Wahlmöglichkeit auch wenn wir uns in diesen Augenblicken entscheiden keine Wahl zu haben. Gut, dass wir als Neuzeit-Schamane oder Neuzeit-Schamanin zurückreisen können und diese

Traumatas beseitigen, umprogrammieren und ins Positive verwandeln können. Das ist auch die Erklärung weshalb in der mittleren Welt die Zeit, aber nicht der Raum regiert. Wir können zeitgenau zum Ursprungspunkt zurückreisen und räumlich/stofflich können wir alles erschaffen und umprogrammieren bis es stimmig für uns ist.

Das Sakralchakra, Ende 7-14 Jahre:
Ätherisches Öl: Orange oder Litsea
Dieses Alter ist eine sehr wichtige Entwicklungsphase da sich das Umfeld des Menschen zum ersten Mal sehr schnell verändert und andere Personen wichtiger werden können als die Eltern. Von 7-11 ist die Schule ein sehr wichtiger Ort und sämtliche Erlebnisse beeinflussen uns unmittelbar.

Je nach Einfluss der Lehrer können das schöne Erinnerungen oder Traumata sein. Auch die Mitschüler können uns akzeptieren oder ablehnen, was auch Spuren in uns hinterlässt. Das Thema Sicherheit ist gefragt. Mit Anfang der Pubertät von 12-14 wird das Ganze noch schwieriger und wir haben das Gefühl festzustecken. Wir brauchen in dieser Entwicklungsphase dringend ein Vorbild und Unterstützung, fehlt dies so gehen Seelenteile verloren.

Es würde zu weit gehen jedes Chakra im Detail genau zu beschreiben, deshalb die kommenden Chakren in Stichpunkten:

Das Solarplexuschakra, Ende 14-21 Jahre:
Ätherisches Öl: Zitrone oder Litsea
Austausch mit der Außenwelt, Eigenständigkeit, Berufsleben, Erfolg.

Das Herzchakra, Ende 21-28 Jahre:
Ätherisches Öl: Rose oder Jasmine absolute
Liebe, Partnerschaft, Heirat, Bindungen.

Das Halschakra, Ende 28-35 Jahre:
Ätherisches Öl: Eukalyptus oder Kamille Blau
Kommunikation, Ausdruck, beruflicher Erfolg.

Das Dritte Auge-Chakra, Ende 35-42 Jahre:
Ätherisches Öl: Lavendel
Tiefgang, Feinfühligkeit, keine Ego-Prozesse mehr.

Das Kronenchakra, Ende 42-56 Jahre:
Ätherisches Öl: Lotus oder Weihrauch
Weisheit, Verbundenheit, sich wieder mehr sich selbst widmen, erkennen, dass alles zusammenhängt und man sich nicht mehr zu sehr im Äußeren projizieren muss.

Ab dem Ende des 56. Lebensjahres beginnt wieder alles von vorne, aber auf einer nächsthöheren Ebene. Wenn wir also mit 57 im Wurzelchakra sind und unsere Themen: Urvertrauen, Anbindung zu Mutter und Vater gelöst haben, so vertrauen wir auch einfach mehr und sind auch optimal im Geldfluss. Deshalb ist diese Entwicklung in jungen Jahren so wichtig. Aber auch wenn wir uns erst im späteren, fortgeschrittenen Alter mit Schamanismus beschäftigen, können wir mit diesen Übungen uns selbst helfen und wieder ins Reine mit uns kommen. Natürlich haben wir viel länger mit ungelösten Themen und Traumata gelebt als jemand, der schon in frühen Jahren damit begonnen hat. Aber dafür haben wir ganz genaue Kenntnisse von unseren Problemen, da wir diese so lange bei uns getragen haben, sie sind zu unseren ständigen Begleitern geworden. Manchmal fällt es sehr schwer sich von diesen Begleitern zu trennen, weil wir es gewöhnt sind. **Aber immer dann, wenn wir uns bewusst für unsere Weiterentwicklung entscheiden, können wir diese Begleiter meist loslassen. Wir ziehen dadurch bessere Begleiter an, die uns helfen oder aber wir sind zum ersten mal ganz alleine und können dadurch unsere eigene Stärke fühlen. Das ist eine wunderbare Entwicklungschance, die jeder Mensch, egal wie alt, immer hat.**

Das ist unser Geburtsrecht, wir alle sollen glücklich und harmonisch miteinander und mit uns selbst leben, so war es einst vorgesehen. Das Paradies auf Erden. Jeder von uns kann jeden Tag dazu beitragen.

Warum sollten wir das Kronenchakra bei einer anderen Person auslassen?

Das Kronenchakra ist die Verbindung zu unserem Gehirn und unserer Schaltzentrale. Dies sind sehr sensible Bereiche und Anfänger sollten dort nicht gerade als erstes hinreisen. Lass einfach diesen Teil bei anderen Personen aus.

Wie kann ich mir sicher sein, dass ich bei meiner Chakrenreise alles richtig gemacht habe?

Das wirst du ganz eindeutig spüren. Immer wenn wir ein Chakra bereist und gereinigt haben, dann fühlen wir uns erfrischt und erneuert. Mit der Zeit wird es immer einfacher Chakren zu bereisen und du spürst die Verbindung viel schneller. Außerdem kannst du das ganz einfach nachtesten (Kinesiologisch oder mit einem Pendel oder noch einfacher, du fühlst es einfach. Habe Vertrauen zu deiner inneren Führung.

Mein Schamanen-Tipp:

Es gibt noch einen ganz besonderen Engel, den ich dir sehr gerne vorstellen möchte: **Der Chakren-Engel**

Er gehört zu der Riege der Schutzengel und Erzengel. Er ist der einzige Engel dem es möglich ist all deine Chakren, und das sind mehr als nur sieben Stück, zu heilen. Du kannst ihn jederzeit aktivieren, wenn du wieder mehr Kraft und Energie benötigst. Du brauchst ihn einfach nur zu rufen und schon ist er bei dir. Ein kleines Gebet dazu: **„Ich aktiviere meinen persönlichen Chakren-Engel und bitte ihn, mich dauerhaft zu schützen und meine Chakren auszugleichen.“**

Entspannen auf der Wunschwiese

Wir bleiben in der mittleren Welt und jetzt möchte ich dir zur Auflockerung die Möglichkeit geben dir deine Wünsche und Ziele zu erfüllen.

Reise „schamanische“ Wunscherfüllung (Übung 10)

Wenn man Wünsche oder Ziele auf andere Ebenen abgibt ist die Erfüllung leichter, weil wir nicht immer damit beschäftigt sind daran zu denken. Dieses Wissen machen wir uns zunutze und bestellen dadurch beim Universum. Jedoch sollten wir uns genau überlegen was wir wirklich wollen und ob dies auch mit allen Konsequenzen für uns bestimmt ist. Ein kleiner schamanischer Trick kann dabei angewendet werden in dem wir unserem Wunsch ein „wenn es so sein soll und für mich bestimmt ist und keinem schadet“ hinzufügen. Das Wünschen ist eine feine Sache und du solltest es auf jeden Fall einmal ausprobieren. Vorher nehme dir ein Blatt Papier und einen Stift und schreibe dir all deine Herzenswünsche und Ziele auf. Es gibt einen kleinen aber feinen Unterschied zwischen Wunsch und Ziel. Ein Wunsch ist meist ein Objekt eine Sache (z. B. ein Haus oder Auto), ein Ziel ist meist eine Eigenschaft oder vorprogrammiert (z. B. bis August 2017 habe ich zehn Kilo abgenommen). So jetzt kann es losgehen. Lass dich von deinem Krafttier auf deine Wunschwiese bringen. Die Wunschwiese ist ein Ort in deiner schamanischen mittleren Welt, wo es dir möglich ist deine Wünsche und Ziel zu programmieren.

Wünsche für dich selbst

Um deine Wünsche abzugeben findest du meistens in der Regel dort einen Briefkasten. Gib dort einfach deinen Wunschbrief ab.

Wünsche für andere oder die Natur

Nutze deine Wünsche auch für andere oder für Mutter Natur. Du kannst einfach deine Wünsche über den Briefkasten wieder abschicken, nur diesmal schreibst du den Namen der Person auf deinen Brief und der Wunsch kommt dadurch an die gewünschte Person erfüllt zurück.

Ziele setzen

Ziele im Leben sind sehr wichtig und meist sind wir dadurch auch motivierter. Achte darauf wie bei den Wünschen, sie klar und genau zu formulieren. Auch deine Ziele kannst du hier auf der Wunschwiese setzen. Oft muss man aber mehrere Reisen zum gleichen Thema machen damit sie sich erfüllen. Du solltest auch beachten, dass Ziele aus der Vergangenheit deine jetzigen Ziele behindern können. Dazu ist es wichtig, diese Ziele auch wieder zu löschen. Bevor du neue Ziele auf deine Wunschwiese pflanzt, entferne zuerst alles, wirklich alles, was dort zu finden ist. Erst dann pflanze deine neuen Ziele ein. Wie du siehst, spielt die mittlere Welt eine große Rolle. Bleiben wir noch etwas dort und schauen uns mal genauer um. Es regiert der Raum in der mittleren Welt, deshalb schauen wir uns mal die Elemente, Planeten und Mutter Erde mal genauer an.

Die Elemente

Die ganze Schöpfung ist aus Elementen aufgebaut, je nach Lehre sind es 4 oder 5 verschiedene.

Erde = Materie
Luft = Bewegung
Feuer = Kraft & Energie
Wasser = Gefühle
Äther = Seelenraum Geist

Die Lehre der Elemente aus dem Feng Shui besagt: Wenn alle Elemente ausgeglichen sind, das bedeutet in gleichen Anteilen im Menschen oder der Natur vorhanden sind, so bleibt der Mensch oder die Natur gesund. Auch in psychischen Bereichen hat man festgestellt, dass unsere Gefühle unsere Energiebahnen (Meridiane) durcheinander bringen. Bei Prüfungsangst leidet z. B. der Blasenmeridian und deshalb müssen wir ständig zur Toilette. Wenn wir alle Elemente ausgeglichen haben, fühlen wir uns dauerhaft gesund.

Reise zu den Elementen (Übung 11)

Suche dir ein Element aus, zu dem du reisen möchtest.

Lass dich von deinem Krafttier in der mittleren Welt zu einem Element bringen. Frage das Element: **Wie arbeitest du in der Schöpfung? Wie kannst du mir helfen?** Trage deine Erfahrungen selbst ein.

Erde – ______________________________

Luft – ______________________________

Feuer – ______________________________

Wasser – ______________________________

Äther – ______________________________

Reise zu den Planeten (Übung 12)

Als Schamane hast du die Möglichkeit dein Bewusstsein auszudehnen, noch besser, du kannst sogar zu andern Planeten hinreisen. Vor tausenden von Jahren konnten die damaligen Yogis schon sagen wie es auf dem Mond aussieht. Du kannst diese Kraft nutzen um dich mit einem Planeten zu verbinden. Dies ist eine sehr mächtige Kraft, weil sie uralt sind und dir viel Weisheit vermitteln können. Reise zum oberen Lehrer und bitte ihn, dich zu dem Planeten zu bringen, mit dem du dich besonders verbunden fühlst.

Die sieben Planeten und ihre Botschaften für dich persönlich:

Was du in deiner schamanischen Reise gesagt, gezeigt oder vermittelt bekommen hast und wofür die einzelnen Planeten stehen. Du beginnst mit einer Reise zum Mond. Frage den Planeten: **Wie kann ich durch dich unterstützt werden?** Immer nur einen Planeten einzeln bereisen, zurückkommen, aufschreiben und dann erst den nächsten bereisen. **Bitte selber eintragen**:

Mond – ______________________________

Mars – ______________________________

Merkur – ______________________________

Jupiter – ______________________________

Venus – ______________________________

Saturn – ______________________________

Sonne – ______________________________

Reise zu Mutter Erde (Übung 13)

„Der Mensch ist die dümmste Spezies! Er verehrt einen unsichtbaren Gott und tötet eine sichtbare Natur, ohne zu wissen dass diese Natur der unsichtbare Gott ist, den er so verehrt." Hubert Reeves

Als Seele hatten wir den Wunsch auf die Erde zu kommen, um dort unsere gewählte Aufgabe zu erleben. Als Mensch können wir hier auf Mutter Erde unsere Aufgabe körperlich, geistig und seelisch erfahren. Das geschieht durch unsere Gedanken, unser Handeln, unser Lernen und unsere Erfahrungen. Die Seele selbst ist ohne Bewertung, ohne weltliche Grenzen. Die Seele möchte nur erleben, egal ob Gutes oder Schlechtes. Leider verlieren wir mit der Geburt auf Erden unser Wissen und die Erinnerungen daran. Deshalb ist es so wichtig für uns Menschen sich mit unserem höheren Selbst, das alle Erinnerungen gespeichert hat, anzufreunden. Allerdings haben wir durch den freien Willen auch die Freiheit zu erschaffen und zu erleben was wir wollen. Das bedeutet unsere Gedanken werden stofflich und Realität, wenn wir das bewusst steuern und nicht unsere Selbstverantwortung unterdrücken oder verleugnen. Dadurch können wir wachsen und uns weiterentwickeln, auch über unsere meist selbstauferlegte Grenzen hinweg. Mutter Erde gibt uns dieses wunderbare Geschenk der Entfaltung. Wir können hier alles durchleben: Glück, Unglück, Fröhlichkeit, Erfüllung, alles ist möglich. Wer nicht eigenverantwortlich handelt, verschenkt das Geschenk des Lebens und dadurch das Erkennen seiner eigenen Fähigkeiten und Talente. Durch die Geburt und unsere Familienstruktur, in die wir hineingeboren werden, stehen persönliche Herausforderungen an. Auch in dem Land oder dem Kontinent in dem wir geboren werden haben wir mögliches Potenzial oder Hindernisse. Wer in Kriegsgebieten aufwächst wird eine andere Einstellung zum Leben haben als jemand, der in einer behüteten Umgebung aufwächst. Trotz allem hat jeder Mensch die gleichen Chancen und Möglichkeiten glücklich zu sein, immer, egal wie, wann, und wo er aufgewachsen ist. Das klingt jetzt für den Verstand unlogisch, ist aber auf der Seelenebene so. Wir starten nur alle an einem andern Punkt mit anderen Erfahrungen, das macht uns nicht besser oder schlechter. Es kann während eines Lebens auch geschehen, dass die Seele schrumpft, oder sich abspaltet wenn die Selbstverantwortung verweigert wird.

Mutter Erde zu achten bedeutet das eigene Leben zu achten. Wenn wir unser Leben nicht achten und keine Liebe für uns empfinden, was hat dann überhaupt noch Sinn?

Die Aufgabe des Lebens besteht im Hinterfragen deines Lebens, deines Selbst. Nimm nicht uneingeschränkt an sondern sei wachsam und hinterfrage genau, was dir so alles an angeblichen Wissen vermittelt wird. Du selbst entscheidest immer. Du hast immer die Wahl, auch wenn du dich dazu entscheidest keine Wahl zu haben. Warum das so ist? Ganz einfach: Die meisten Menschen haben mehr Angst selbstverantwortlich zu leben, als zu sterben. Sie benutzen viel Kraft, um ihre eigenen Irrtümer, die sie als Weisheit sehen, festzuhalten und lenken sich gekonnt ab durch das Leid anderer Menschen. Zeitungen, TV und Nachrichten bringen nicht umsonst immer nur negative Berichte über Katastrophen in der Welt. Warum glaubt ihr lässt sich das so gut verkaufen? Würde es nur positive Nachrichten geben wäre das für sehr viele Menschen absolut nicht nachvollziehbar. Nicht Stillstand, im Leid rühren, sondern Veränderung ist die Lösung. Das Gesetz von Mutter Erde ist ewige Veränderung, um sich stets neu zu erschaffen, und genau da setzen wir als Schamane an:

Bitte dein Krafttier dich zu Mutter Erde zu bringen und frage: **Wer bist du? Was kannst du mir an Wissen geben? Was kann ich für dich tun?**

Frage dich selbst:

Wie will ich leben, was will ich mit diesem Wissen tun?

Danach schreibe dir alles genau auf.

Reise ins Immunsystem (Übung 14)

Das Immunsystem ist dein körperlicher Schutzschild, es besteht aus mehreren Organen, Blutzellen und Knochen. Es steht ständig unter Hochspannung und arbeitet auf Hochtouren damit dein Körper gesund bleibt. Manchmal kann es erschöpft sein und wird nachlässig, oder verliert den Kampf gegen einige Krankheitserreger, dann werden wir krank. Dein intaktes Immunsystem ist sehr wichtig zur dauerhaften Gesunderhaltung deines Körpers. Jedoch gibt es heutzutage viele Möglichkeiten es aus dem Gleichgewicht zu bringen. Dazu zählen: ungesunde Ernährung, Bewegungsmangel, *Stress, Rauchen, Alkohol, Strahlenbelastung durch Handy, Internet* usw. Deshalb solltest du als Schamane täglich einmal dein Immunsystem besuchen. Durch diese Reise hilfst du ihm bei der Produktion von weißen Blutkörperchen und wirst dich danach erfrischt und gut fühlen. Im akuten Zustand ist jedoch eine Reise meist nicht genug und du solltest es zusätzlich noch mit Dingen unterstützen, die du auch im Alltag umsetzen kannst. Sport, Bewegung, Ernährungsumstellung, positive Gedanken. Das Immunsystem befindet sich in der mittleren Welt.

Bitte dein Krafttier, dich zu deinem Immunsystem zu bringen. Schau wie es aussieht, es arbeitet und falls es Hilfe braucht, frage es wie du es unterstützen kannst, (z. B. putzen, Beläge beseitigen, REIKI geben, Heilsteine auflegen, eine Spritze geben, operieren oder was du sonst alles gesagt bekommst). Du hast alles zur Verfügung was du brauchst, weil du in deiner Matrix unterwegs bist und dort ist alles Bewusstsein und kann sofort in Gedankenschnelle auftauchen. Erschaffe dir was du brauchst. Es wird allerdings nur das funktionieren was dir bestimmt ist und zu deiner Ausdrucksform passt.

Falls das Immunsystem dir Ratschläge für deinen Alltag gibt, ist es absolute Notwendigkeit diese auch zu befolgen.

Ganz wichtig: Diese Reise ersetzt nicht den Gang zum Arzt, aber kann dich unterstützen deine Selbstheilungskräfte anzuregen. Möchtest du eine ganz natürliche Möglichkeit, so lege dich schlafen, denn das ist immer noch die einfachste und natürlichste Form dem Körper zu helfen.

Mit der Reise ins Immunsystem haben wir einen kleinen Schritt in die Richtung der schamanischen Seelenarbeit getan. Was aber genau ist die Seele? Welche Anteile gibt es und welche Art von Möglichkeiten gibt es im Schamanismus damit zu arbeiten? Das möchte ich dir in meinem nächsten Kapitel genau erklären.

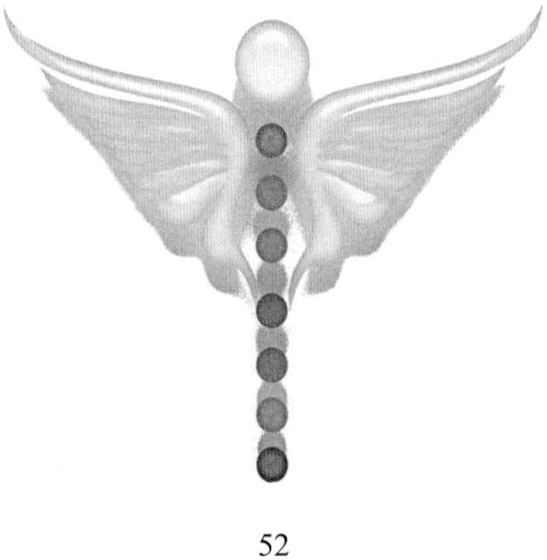

Kapitel 2 – Schamanische Seelenarbeit

„Nicht gesund zu werden ist gegen die Natur und man muss viel Kraft aufwenden, um sich gegen den natürlichen Lauf der Dinge zu wehren.“

Sandra Ingerman

Gesundheit aus schamanischer Sicht

Die Weisheit der Schamanen besagt, dass es immer die Wahlmöglichkeit gibt zwischen Krankheit und Heilung, doch unser begrenztes Ego besitzt nicht dieses Wissen. Außerdem gibt es auch karmische Krankheiten, die aber gelöst werden können wenn deren Lernthema verstanden wird. Nicht im Drama und Leiden sondern im freien Willen liegt die Lösung. Die Seele ist immer ganz gesund, was leidet ist immer der Körper. Trotz der Ganzheit kann die Seele sich bei schweren Erkrankungen vom Körper trennen, das nennt der Schamane:

Seelenverlust

Unter Seelenverlust versteht sich eine seelische Erkrankung, das Abspalten der Seele, einzelnen Seelenteilen oder der Kernseele. Meist passiert das durch Träumen oder Angstzustände. Durch die schamanische Arbeit können die verlorengegangenen Teile wieder zurückgeholt und integriert werden.

Wie setzt sich die Seele zusammen?
Bevor wir mit unserer Arbeit beginnen, schauen wir uns mal an, welche Teile wir zurückholen können.

Die Seele setzt sich aus <u>mehreren</u> Anteilen zusammen:

Körperseele: Wie der Name schon beinhaltet: Jeder KÖRPERTEIL hat eine solche Seele, auch Blut und Nervensystem haben Körperseelen.

Freie Seele: Mit ihr träumen und reisen wir. Man kann Teile von ihr durch Schocks verlieren. Das Alter bis zu drei Jahren, woran wir normalerweise keine Erinnerungen mehr haben, ist prädestiniert für Seelenverluste.

Die Kernseele: Die Kernseele ist ein sehr wichtiger und großer Teil der Seele. Der Seelen-Kern sozusagen. Alle anderen Seelenteile gehören dort dazu und passen wie Puzzleteile hinein. Wenn die Kernseele verlorengeht fühlen wir uns sehr schlecht. Wir haben das Gefühl nicht ganz da zu sein und sind es auch wirklich nicht. Hellsichtige sehen, dass der betroffene Mensch neben sich steht. Es kommt oft zu psychotischen Erkrankungen und Störungen. Es kann auch vorkommen, dass die Kernseele gar nicht erst mit geboren wird. Das ist aber sehr selten. Holen wir die Kernseele zurück, so haben wir das Gefühl neu geboren worden zu sein. Lass dich von deinem Krafttier zu deinem oberen Lehrer bringen und frage ihn ob dir die Kernseele fehlt. Wenn ja, lass sie dir wieder zurückbringen, säubern und einsetzen. In 95 % Prozent der Fälle ist aber die Kernseele vorhanden.

Wie kann ich erkennen, dass ich Seelenanteile verloren habe?
Beantworte dir folgende Fragen:

Fragen zum Thema Seelenverlust:

- Fällt es dir schwer, dich auf etwas zu konzentrieren?
- Fühlst du dich benommen oder nicht ganz im Hier und Jetzt?
- Bist du oft traurig und siehst keinen Ausweg?
- Leidest du an Immunsystemschwäche?
- Hattest du in deiner Kindheit schwere Unfälle oder chronische Erkaltungen?

- Hast du Schwierigkeiten dich an Ereignisse nach dem 5. Lebensjahr zu erinnern?
- Benutzt du öfters Drogen? (Rauchen, Alkohol, Aufputschmittel)
- Fühlst du eine innere Leere?
- Fällt es dir schwer ein selbständiges Leben zu führen?

Falls du mehr als 5 Fragen mit „Ja" beantworten kannst, ist die Möglichkeit sehr groß, dass dir Seelenanteile fehlen. Alternativ kannst du natürlich auch deinen oberen Lehrer fragen.

Wenn ein Seelenanteil durch einen Schock aus dem Körper gerissen wird, haben wir das Bedürfnis, diesen Anteil wiederzufinden und somit ganz zu sein. Ein Teil unserer Aufmerksamkeit ist mit der Suche nach den Anteilen beschäftigt, die Energie fehlt in der Gegenwart.

Wir haben dann das Gefühl die Vergangenheit nicht loslassen zu können, unser Herz ist verletzt, wir sind traurig und fühlen uns abgetrennt. Wir fühlen als wäre das Geschehen gerade passiert, auch wenn es schon Jahre her ist. Die andere Möglichkeit ist die innere Mauer. Wir sehen alles durch eine Sonnenbrille und lassen nichts an uns mehr herankommen oder spielen ganz übertrieben alles herunter und finden uns total cool dabei. Es gibt auch die Möglichkeit, dass ein Seelenanteil von alleine zurückkehrt. Das kann geschehen, wenn ein Mensch reif ist und dadurch die Seelenanteile zu sich heranzieht. Durch normale Psychotherapie geschieht so eine Heilung jedoch äußerst selten. Nicht das Leid sondern die Lebensfreude und positive Veränderungen bringen die Heilung.

Wichtig ist deine Mitarbeit nach der Rückholung. Der Seelenanteil bleibt nicht automatisch im Körper. Er muss begrüßt werden und seine Rückkehr sollte gefeiert werden. **Wichtig ist die Konzentration auf das Geschenk, das der neue Seelenanteil bringt.** Oft ist es Urvertrauen, Leichtigkeit oder Selbstliebe. Wie möchtest du die neu gefundenen Energien nutzen? Was möchtest du in deinem Alltag positiv ändern?

Wenn du das beherzigst und umsetzt bleibt dein Seelenteil gerne bei dir und wird dir helfen deine Ziele umzusetzen.

Körperseelen-Rückholung

Körperteile, die schlecht heilen, schmerzen oder sich leblos fühlen, können entweder Fremdenergien beherbergen oder es fehlen die „Seelen" dieser Körperteile. Durch Unfälle, Operationen, hohen Blutverlust, Transplantation und sonstige Traumata können diese Anteile verschwinden. Durch die

Körperseelen-Rückholung werden die Energien des Körpers wieder vollständig und aufgeladen.

Außerhalb des Körpers verlieren sie ihre Individualität. Sie sind dann nur noch ein linkes Bein, Auge oder Leber. Es wird gesagt, dass eine Seele nach dem Tod erst aus der Zwischenebene in das Land der Seelen eingehen kann, wenn die Körperseelen vollständig sind - deshalb gibt es nach dem Tod eine Behandlung durch bestimmte Wesenheiten.

Reise zur Körperseelen-Rückholung (Übung 15)

Reise zu deinem Lehrer der oberen Welt und frage ihn, wie du erkennst wo Körperseelen dir selbst fehlen, wie du passende findest, sie reinigen kannst und sie in deinen Körper wieder einbauen kannst.

Rückholung für andere:

Frage den Lehrer der oberen Welt, ob du zuständig bist für dein gegenüber Anteile zurückzuholen …

… und welche Teile zurückgeholt werden sollen. Danach handle, wie es dir dein Lehrer gezeigt hat.

Wenn du vorher eine Liste von Krankheiten, Unfallschäden usw. machst, ist die Arbeit am Anfang einfacher. Oft wird man dann noch weitere Anteile finden. Beachte, dass diese Art von Arbeit der Geistheilung sehr nahe kommt und gehe behutsam und achtsam damit um.

Reise zur Seelenteile-Rückholung (Übung 16)

Reise zu deinem Lehrer der oberen Welt und frage ihn, wie du erkennst, ob und wie viele Seelenteile bei dir selbst fehlen, wie du sie findest, sie reinigen sollst und sie in deinen Körper wieder einbauen kannst.

Blitz-Rückholung, Seelenteile im Notfall

Meist betrifft es die „**freie Seele**" die schwindet wenn du einen Schock erlebt hast, dich erschreckt hast. Wenn es also schnell gehen muss und du nicht die Möglichkeit hast zu reisen. Sprich dieses Gebet: **„Ich bitte darum, dass alle Seelenanteile, die bewusst oder unbewusst an Personen, Orte oder Situationen gebunden sind, sofort zu mir zurückkehren."** Danach klopfe dir 3-5 x auf die Thymusdrüse um die Anteile zu festigen. **Wichtig**: Wende es bitte nur in Notsituation für dich und andere Personen an. Ansonsten bitte immer eine schamanische Reise dorthin machen.

Mein Schamanen-Tipp;

Der schamanische Seelenschlüssel: Ein ganz wunderbarer und hilfreicher Gegenstand kann auch der schamanische Seelenschlüssel sein, das ist ein Selenit-Kristall in Spiralform. Dieser ermöglicht dir deine zurückgeholten Seelenteile zu speichern und kann jederzeit angewendet werden. Du fragst dich bestimmt, warum ich gerade auf diese esoterische Besonderheit komme? Ganz einfach, ich habe ein Einhorn als Krafttier, das mir Seelenteile zurückholt und mit seinem Horn diese reinigt und das fühlt sich wunderbar und sehr angenehm an. Ein feine Sache und deshalb möchte ich dir gerne solch ein schönes Einhorn-Kristall-Objekt empfehlen, damit du selbst auch die Möglichkeit hast im Hier und Jetzt diese wunderbare Energie zu spüren und zu nutzen.

Reise zur Kernseelenteile-Rückholung (Übung 17)

Reise für Kernseelen-Rückholung

Reise zu deinem Lehrer der oberen Welt und frage ihn, wie du erkennst ob ein Stück Kernseele bei dir selbst fehlt, wie du es finden, es reinigen sollst und es in den Körper bei dir wieder einbauen kannst.

Ablauf einer Seelen-Rückholung

Du beginnst mit dem Schutzkreis, räucherst dich ab, rufst die Himmelsrichtungen an und lässt Trommelmusik laufen. Dauer der Reise 10-15Minuten. Auf dem Rücken liegend lässt du dich von deinem Krafttier zu dem Seelenanteil führen. In der Regel trifft man den Seelenanteil in der Situation, in dem er abgespalten wurde. Dies kann in realen Bildern des Geschehnisses sein oder ist in Symbolen zu erkennen.

Wichtig ist es, diesen Seelenanteil zu überreden mitzukommen, er muss wissen, dass du dich darüber sehr freust, wenn er zu dir zurückkommt und auch ganz wichtig, was sich seit der Abspaltung geändert hat. Falls er Forderungen stellt, so sollten diese auch von dir eingehalten werden. Du darfst auch mit Tricks arbeiten, falls der Seelenanteil gefangen gehalten wird. **Hier ein Beispiel aus meiner Praxis:** Ich hatte einmal auf einer schamanischen Reise ein solches Erlebnis. Ich wurde in eine Höhle geschickt mit einem kleinen Teufelchen darin, das wie wild um ein Feuer gesprungen ist. In der Ecke lag ein Kristallstück, das war mein Seelenanteil. Als das

Teufelchen mich erblickte rannte es auf den Kristall zu, umklammerte ihn und sagte: „Ich habe ihn, du bekommst ihn nicht!“ Ich fragte: „Was hast du?“ Und das Teufelchen öffnete seine Hand und zeigte mir den Kristall. Ich sagte nur noch „DANKE“ nahm den Kristall an mich und rannte blitzschnell davon. Solche Wesen sind meist nicht sehr intelligent.

Hast du den Seelenanteil, so frage ihn welche Eigenschaften er dir zurückbringt, die er damals mitgenommen hat. Nun setzt du dir diesen oder mehrere Seelenteile wieder ein. Zuerst ins Herzchakra, kurz innehalten und den Satz: „Willkommen Zuhause, ich freue mich, dass ihr da seid.“ Danach in dein Kronenchakra und rasselst die Anteile fest. Wichtig ist die Integration in den Alltag.

Wenn du Seelenteile für andere zurückholst, ist es wichtig folgendes zu beachten:

Da Schamanismus eine aktive Kraft ist, solltest du darauf achten was du deinem Gegenüber von deiner schamanischen Reise erzählen kannst. Hat dein Gegenüber z. B von einer Abtreibung keine Ahnung, so wäre es nicht immer sinnvoll es ihm zu erzählen. Dies ist ja das Schöne am Schamanismus, dass der Schamane für den Menschen arbeitet und deshalb auch einfacheren Zugang zum „Leid“ des Menschen hat als dieser selbst. Wieder zurückgekommen hauchst du deinem Gegenüber den Seelenanteil zuerst ins Herzchakra und danach ins Kronenchakra jeweils 3 x ein. Dann soll sich der Mensch hinlegen und du rasselst den Seelenanteil fest. Lasse dem Menschen etwas Zeit und sage dann seinem Anteil: **„Willkommen zu Hause“.**

Der Mensch sollte sich 1 bis 3 Tage Zeit nehmen, um zur Ruhe zu kommen und mit den Seelenanteilen zu kommunizieren. Gleiches gilt für dich selbst wenn du dir selbst Anteile zurückholst.

Wichtig ist die Integration in den Alltag. Bedanke dich bei deinen geistigen Helfern für die Hilfe und auch dafür, dass du eine so schöne Aufgabe ausführen darfst.

Seelendiebstahl

Seelendiebstahl geschieht oft unwillentlich.

Bei Missbrauch oder verlorener Liebe sagt man manchmal:

„Der hat meine Seele gestohlen.“ Oft ist der Dieb selbst ein Opfer.

Hat z. B. der Vater seinem Sohn die Seele gestohlen, so stiehlt dieser wiederum die Seele seines eigenen Kindes.

Bei der Familienaufstellung nach Hellinger wird dies z. B. auch deutlich.

Macht ist der Antrieb. Der Seelendieb versucht, an die Kraft anderer zu kommen, da er sich selbst machtlos fühlt. Er will andere dominieren.

Eltern, die das Licht ihrer Kinder brauchen, begehen Seelendiebstahl. Oft werden diese Kinder chronisch krank oder sie geben ihren Willen auf, um sich zu schützen. Viele Menschen verschließen sich oder bauen eine Mauer um sich herum auf, nur um sich vor weiterem Seelendiebstahl zu schützen. Wenn ein verlassener Partner nicht loslassen kann, kann er die Verbindung aufrechterhalten und dem anderen Energie abzapfen. Dieser fühlt sich dann ausgelaugt.

Aber niemand kann die Energie, das Licht von anderen zum eigenen Nutzen verwenden, es bleiben immer Fremdenergien.

Sterbende können nicht ins Licht gehen, solange sie noch jemandes Seele festhalten, bzw. von den Lebenden festgehalten werden.

Wurden einem als Kind schon Seelenanteile gestohlen, so gerät man immer wieder an Personen, die ähnlich verfahren.

Der Irrtum „Lieben heißt sein Herz verschenken (Seelenanteile abgeben)“ ist recht weit verbreitet. Ein anderes Wort für diesen Prozess nennt man Co-Abhängigkeit. Es ist auch möglich, dass man seinen Seelenanteil freiwillig abgibt, z. B. an einen Verstorbenen, den man so sehr geliebt hat und ohne ihn nicht mehr weiter leben wollte.

Gerade bei Rückholung von Seelenanteilen für einen selbst, kann es hilfreich sein, wenn wir ein Gegenüber haben.

Der oder diejenige kann uns dann Seelenteile bringen. Diese Art zu reisen nennen die Schamanen Überkreuzreise.

Die schamanische Überkreuzreise (Übung 18)

Bei Seelenanteilen für sich selbst (Herz, Lunge)

Diese Reise unternehmen wir, um Antworten zu finden, die man selbst nicht finden kann oder will. Außerdem gibt sie uns Sicherheit, dass unsere Reisen keine Einbildung sind. Körperseelenteile von Herz oder Lunge solltest du dir niemals selbst zurückholen, sondern immer einen andern schamanischen Freund beauftragen.

Und so funktioniert die Überkreuzreise:

Der Partner nennt dir seine Frage.

Wichtig: Vorher immer persönlich um Erlaubnis bitten, ob du in das Energiesystem deines Gegenübers reisen darfst um Seelenanteile zurückzuholen. Du nennst deinem Krafttier dein Anliegen und es bringt dich dann in das System des Partners, zu dem Lehrer, der die Frage beantworten kann. Das heißt, du selbst brauchst nicht zu wissen wohin du reisen musst. Wenn ihr zurückgekommen seid, tauscht ihr euch aus.

Fragen bezüglich „Seelenteile“ aus meiner Praxis:

Wie lange bleibt ein Seelenanteil bei mir?
Der Seelenteil freut sich, wenn er wieder zu dir zurückkommen kann und bleibt in der Regel sehr gern dauerhaft bei dir. Er ist ein Teil deiner Kraft und gehört zu dir und deinem Energiesystem.

Können die wiedergeholten Seelenteile wieder verschwinden?
Unter gewissen Umständen können die zurückgeholten Seelenanteile sich wieder verabschieden, wenn sie den Eindruck haben missachtet zu werden oder merken, dass der Mensch nichts in seinem jetzigem Leben verändert hat und immer noch leidet und die gleichen Probleme wieder anzieht. Dies ist jedoch sehr selten der Fall, da jeder der einmal eine Seelen-Rückholung erlebt hat, meist radikal sein Leben zum Positiven verändert.

Was mache ich, wenn ich den Seelenteil nicht bekomme?
Reise solange bis du den Seelenanteil bekommst. Du darfst auch Tricks anwenden. In der Regel bekommst du immer zu mindestens einen Anteil.

Sollte der Fall aber wirklich mal eintreten, dass du überhaupt keinen Anteil bekommst, dann wiederhole zu einem späteren Zeitpunkt deine Reise. (Ruhepause von mindestens 30 Minuten einhalten.)

Was ist der Unterschied zwischen Körperseelen und Seelenanteilen?
Wie bereits der Name verrät: In Körperseelenteilen stecken körperliche Anteile (Auge, Bein, Ohr), in Seelenteilen sind emotionale Anteile wie Gefühle von Angst, Wut, Trauer enthalten, die als positive Form gelöst werden, wenn wir die Seelenteile reinigen und zu uns zurückkommen.

Warum gehen Seelenanteile verloren?
Durch dauerhafte negative Erfahrungen und Ablehnungen im Leben. Erfahren wir dauerhaft Ablehnung, Angst, große Belastungen oder haben wir Schocks erlebt, so spalten sich kleine oder große Seelenteile und wir haben das Gefühl, dass uns etwas fehlt.

Wie kann ich wissen, wann meine Anteile gegangen sind?
Der genaue Zeitpunkt kann dir meist der Seelenteil selbst zeigen. Meistens finden wir nämlich den Seelenteil in seinem Ursprungsalter in dem er gegangen ist. Du kannst aber auch dein Krafttier oder einen deiner inneren Lehrer fragen. Du wirst auch merken, dass deine Seelenanteile mit dir reifen wenn du sie zurückgeholt hast. Ich habe einmal einer Kundin, die 52 Jahre alt war, einen Anteil zurückgeholt der mit 5 Jahren gegangen ist. Dieser sah aus wie ein kleines Mädchen im rosa Nachthemd und einem Teddybär auf dem Arm. Ich erklärte diesem Anteil, dass seine Besitzerin jetzt erwachsen geworden ist und ganz dringend diese Kraft, die der Seelenteil beherbergt, braucht. Das kleine Mädchen war ganz erstaunt, dass ich damit sie meinte. Sie sagte: „Ich gehe nur mit, wenn sich Mama und Papa nicht mehr streiten." Ich erklärte ihr, dass sie jetzt erwachsen sei und selbst schon Kinder habe und es besser machte als einst Mama und Papa. Da war das kleine Mädchen sehr erfreut und ging mit mir. Ich habe den Seelenteil gereinigt und konnte zusehen, wie das kleine 5-jährige Mädchen langsam zur reifen Frau wurde und sich dem heutigen Alter meiner Kundin anpasste. Ich erzählte es meiner Kundin und sie bestätigte meine Wahrnehmung und sagte: „Ja, mit 5 Jahren haben sich meine Eltern immer abends gestritten, wenn ich im Bett war, es war furchtbar und ich hab mich mit meinem Teddybär immer mehr zurückgezogen." Gerne habe ich ihr diesen Seelenteil wieder integriert, der ihr wieder Leichtigkeit mitgebracht hat.

Können Seelenteile auch von alleine wieder zu mir kommen?
Es ist möglich, dass ein Seelenanteil von alleine zurückkehrt. Das kann geschehen, wenn ein Mensch spirituell an sich gearbeitet hat und dadurch die Seelenanteile zu sich heranzieht.

Reise zum schamanischen Ursprung (Übung 19)

Kennst du das Gefühl irgendwo an einem Ort zu sein wo du noch nie warst, aber du fühlst dich sofort Zuhause? Dann hast du wohlmöglich deinen Ursprungsort gefunden. Die dort lebenden Kulturen haben ihre eigene schamanische Tradition.

Es gibt viele verschiedene Schamanentraditionen, die Germanen und Kelten oder Druiden sind bei uns sehr vertreten. Sie geben dir Kraft, denn du bist ein Teil dieser Tradition. Kennst du deine Wurzeln, kannst du von dort noch mehr Inspiration und Führung bekommen. Oft wurdest du schon Jahre vor dieser Reise durch deine Tradition geführt. Das heißt, im Grunde warst du schon die ganze Zeit ein Schamane, nur hast du es nicht gewusst.

Von dieser Reise kannst du viel spirituelle Kraft und viel Licht herunterbringen. Du triffst dort oben oft sehr erhabene Lehrer (wieder). Lass dich von deinem Krafttier zu deinem unteren Lehrer bringen und bitte ihn dir dort deinen Ursprungsort und deine eigene Schamanentradition zu zeigen.

Reise zur „Weihe" als Neuzeit-Schamane (Übung 20)

Nachdem du deine Tradition und deinen Ursprung kennengelernt hast, reise nun zu deinem Lehrer der oberen Welt und bitte ihn dich als Neuzeit-Schamane willkommen zu heißen. Bitte darum alle alten Energien und Belastungen von dir zu nehmen. Bitte ihn darum wortwörtlich und sage zu ihm: „Ich bitte darum alle Belastungen und Leid aufzulösen, so dass ich als Neuzeit-Schamane mein volles Potenzial leben kann." Dies ist eine Art „Einweihung", vor allem aber eine wunderschöne Zeremonie, die du selbst noch unterstützen kannst. Feiere deine neu gewonnene Kraft und schmücke deine Wohnung mit Blumen, kauf dir etwas Schönes oder unternimm etwas mit Freunden. Zusammen feiern macht doppelt so viel Spaß.

Trage deine Erlebnisse von deiner schamanischen „Weihe" hier ein:

Kapitel 3 – Schamanisches Familienstellen & Jenseitskontakte

Der Tod aus schamanischer Sichtweise

Aus schamanischer Sicht gibt es keinen Tod sondern nur einen Übergang in eine andere Bewusstseinssphäre. Wir sind Seelen, die menschliche Erfahrungen machen. Alles was wir vom irdischen Leben mitnehmen können sind unsere Erfahrungen und die Liebe. **Wenn ein Mensch stirbt ist er immer weiterhin energetisch noch da und kann von sensiblen und seinen geliebten Menschen wahrgenommen werden.** Er wechselt nur die Räume und tauscht sein irdisches Gewand dauerhaft gegen seinen wahren Lichtkörper.

Leider wird in unserer europäischen Gesellschaft der Tod buchstäblich „totgeschwiegen". Er wird behandelt als ob es ihn nicht gäbe und doch ist er ein wichtiger Teil von unserem Leben. Ohne Tod gäbe es kein Leben. Ein alte Indianer-Legende besagt: Du stirbst in der geistigen Welt um in der irdischen Welt geboren zu werden. Deine Seele bleibt aber immer mit dem großen Ganzen verbunden. Dieser Teil nennt sich Silberschnur und kann von hellsichtigen Menschen als dünner silbrig weiß leuchtender Faden wahrgenommen werden. Ich habe eine persönliche Beziehung zu dem Tod und zu den Toten. Mein eineiiger Zwillingsbruder ist mit drei Monaten in die geistige Welt gegangen. Als Kleinkind und viele Jahre später noch, habe ich mich weiterhin mit ihm unterhalten. Für mich war das ganz selbstverständlich. Sich mit dem Tod schon zu Lebzeiten auseinanderzusetzen, das kann für die Zeit nach dem Tod sehr hilfreich sein.

Warum? Ganz einfach:

Wenn man keine Ahnung von diesen Bereichen hat, sieht man nach dem Tode nur das, was man sehen will und glaubt, dass es so war, wie es zu sein schien. Und das kann für viele Menschen wirklich nur ein „schwarzes Loch", „das Nichts" oder „tiefe Dunkelheit" sein. Das ist aber ein vollkommen falsches Bild von dem was das wahre Licht und die wirkliche Aufgabe des Todes ist. Jedoch, durch den freien Willen ist ein Mensch nun mal solange darin gefangen bis er lernt, dass es auch noch etwas anderes darüber hinaus gibt. Setzt man sich aber zu Lebzeiten damit auseinander und erfährt diese Dinge so kann nach dem Tode sofortige Entwicklung geschehen. Das ist eine wunderbare Chance.

Leider funktioniert das auch umgekehrt. Durch die Verdrängung des Todesthemas in unserer Gesellschaft bemerken viele Tote nicht einmal, dass sie gestorben sind. Das hat fatale Folgen: Die Toten bleiben auf der Ebene der Lebenden, wo sie nicht hingehören, selber sich nicht weiterentwickeln können und die Lebenden verwirren können. Feinfühlige Menschen und Tiere spüren die Anwesenheit von Toten. Die Toten selbst sind auch verwirrt und bleiben in ihrer Entwicklung stecken. Das bedeutet: Sie erleben immer und immer wieder ihre Ängste, spielen z. B. noch 400 Jahre lang Krieg, bewachen ein Grundstück, wollen sich an jemandem rächen oder suchen irgendwelche Verwandte.

Eine der Hauptaufgaben des Schamanen besteht darin, die Ebene der Lebenden mit der Ebene der Toten zu verbinden. Denn er kann sich auf beiden Ebenen bewegen. Ein Schamane ist für die Toten sichtbar und kann ihnen helfen. Das bedeutet, er kann sein Bewusstsein so ausdehnen, dass er mehrere Wirklichkeiten gleichzeitig wahrnehmen kann.

Aber auch ganz „normale Menschen" können Tote spüren. Es gibt viele Berichte davon, dass über sechzig Prozent der Witwer und Witwen ihren Partner nach dem Tode noch gesehen, gehört oder gefühlt haben. Des Weiteren berichten Menschen, die klinisch tot waren, von einem weißen Licht das Bewusstsein hatte und worin sie alle vorweg gegangenen Verwandte und Freunde wiedergesehen haben. Allerdings gibt es nicht nur schöne Berichte, es gibt auch Erlebnisse, die absolut zerstörend und schockierend für die Betroffenen waren. Aber eins haben alle gemeinsam: Nach der Rückkehr ins irdische Leben haben fast alle radikal ihr Leben verändert. Wie gut, dass du als Neuzeit-Schamane die Möglichkeit hast schon zu Lebzeiten einen Einblick in diese Bereiche zu bekommen. Gerne zeige ich dir auf den kommenden Seiten wie du dies erreichen kannst.

Das Jenseits ist in verschiedene Ebenen unterteilt. Die Verstorbenen, die wir oft spüren können, sind um uns herum weil sie noch an irdischen Dingen oder einer Person hängen und dadurch nicht ins Land der Seelen hinübergehen können. Es gibt aber auch die andere Variante, dass wir bewusst Besuch von einem lieben Verstorbenen bekommen, der bereits hinübergegangen ist. Das ist das Geschenk der Erlösung und was uns mit diesem Verstorbenen verbindet ist die Liebe. Deshalb ist dieser Besuch möglich. Diese Toten brauchen nicht unsere Hilfe, sie sind bereits erlöst. Unser Interesse gilt vielmehr den erdgebundenen Seelen.

Der Schamane kann diesen Seelen weiterhelfen, denn er ist für sie sicht- und hörbar. Schutzengel oder andere geistige Helfer sind von den Verstorbenen meist nicht wahrnehmbar, da diese auf einer höheren Ebene schwingen und meist sich die Verstorbenen zu Lebzeiten nicht mit ihnen auseinandergesetzt haben. Meistens sind diese erdgebundenen Seelen sehr eingeschränkt in ihrem Verhalten, da sie sich an etwas Irdisches klammern und ihr Gesichtsfeld dadurch sehr beschränkt sein kann. Ein Schamane kann, da er ja noch einen menschlichen Körper besitzt, viel leichter und besser von ihnen wahrgenommen werden. Deshalb kannst du als Schamane auch die Verstorbenen geleiten, sie an die Hand nehmen und sie mit ihren Schutzengeln und geistigen Helfern verbinden. Der Rest wird dann von den geistigen Helfern übernommen. **Deshalb sind Schamanen die Wanderer zwischen den Welten.** Solltest du selber Zweifel haben, so kannst du auch dein Krafttier bitten die Verstorbenen mit ihren Helfern zu verbinden. Aber keine Angst, diese Art von Toten ist meist friedlich und eher verwirrt. Sie lassen sich meist gerne helfen.

Leider gibt es, wie bei den Menschen, auch nicht ganz so friedliche Verstorbene. Diese Art der Toten sitzt auf einer Leidens-Ebene fest, von dort aus wollen diese wirklich zerstören und anderen Menschen schaden. Es macht ihnen Spaß menschliche Körper zu besetzen und Verwirrung zu stiften. Diese Art der Toten sollten wir tunlichst meiden und auch am Anfang absolut die Finger davon lassen.

Wie das geht? Ganz einfach, wir begeben uns nicht in diese Leidens-Ebenen. Die Seelen dieser „Leidens-Ebenen" müssen so lange bestimmte Gefühle durchleben, bis sie die Nase voll haben und um Hilfe bitten. Diese Lehre ist zwar sehr hart aber wirkungsvoll. Die Bilder dieser Verstorbenen werden nur aus ihrem eigenen Bewusstsein geschaffen. Das Leid liegt also, wie auch die Interpretation des eigenen Lebens, im eigenen Bewusstsein begründet. Im Tode werden die Eindrücke nur viel deutlicher erlebt.

Schamanisches Seelenbild

Ein schamanisches Seelenbild ist kein klassisches Bild sondern ein Bild, das dir den Zugang zur anderen Welt erleichtern soll. Lege eine schamanische Musik ein und male dein persönliches Seelenbild, das kann ganz bunt mit Farben oder schwarzweiß sein. Deiner Phantasie sind keine Grenzen gesetzt. Wichtig ist dabei nicht das Aussehen sondern die Funktion. Gehe mit dem Ziel ein Bild oder eine Strichzeichnung zu entwerfen, das dich auf die andere Seite bringen soll. Bei mir war es eine rechtsdrehende Spirale in den Farben Gelb, Rot und Orange. Wenn du das Bild fertig hast kannst du es gleich ausprobieren. Das funktioniert ganz einfach: Schließe kurz deine Augen, konzentriere dich auf dein Krafttier und öffne wieder deine Augen. Blicke direkt auf das Bild und lass dich hineinziehen auf die andere Seite. Dein Krafttier geht mit dir mit. Gehe nur solange und soweit wie dich dein Krafttier begleitetet. So hast du deine erste Reise ins Land der Seelen getan. Später kannst du auch dort ganz gezielt jemanden besuchen der schon rüber gewechselt ist. Wichtige Info: du kannst normalerweise nicht ganz ins Totenreich gelangen, denn das geht nur für Seelen ohne Körper. Du hast auf jeden Fall noch die „Silberschnur", die dich mit deinem Körper verbindet. Wenn du unsicher bist, so reise nur mit Begleitung eines weiteren Schamanen, der dich im Notfall wieder zurückholen kann.

Reise zu den Toten (Übung 21)

Eine gute Möglichkeit, sich mit dem Land der Toten anzufreunden, ist der Besuch von verstorbenen Verwandten (Eltern, Großeltern...). Sie freuen sich, wenn sie einmal in Kontakt zu noch Lebenden kommen können und beantworten die Fragen gerne.

Reise: Begebe dich mit Hilfe des Seelenbildes auf die andere Seite. Dort bittest du um ein Treffen mit der Person, mit der du gerne sprichst oder dich aussöhnen möchtest. Bedanke dich nach dem Gespräch bei deinem Verwandten und deinem Krafttier für ihre Hilfe.

Reise in die Zwischenwelt (Übung 22)

Es ist wichtig, sich auch in den Bereichen des Todes auszukennen. Schaue wie weit du dort kommen kannst, ohne dein Krafttier zu verlieren. Falls es nicht mehr mitgeht, gehst auch du nicht weiter. Schaue dich dort um:

- Was ist dort zu finden?
- Welche Gesetze wirken hier?
- Welche Ebenen kannst du finden?
- Was geschieht mit den Verstorbenen?
- Welche Aufgabe hast du dort?

Mentale Sterbebegleitung

Ein wichtiges Thema ist die Sterbebegleitung. Ich habe in meinen Zwanzigern vier Jahre in einem Altersheim gearbeitet und auch schon einige Sterbende begleitet und ihnen den Weg nach Hause erleichtert.

Du kannst mit ihnen wunderbar über das Seelenbild arbeiten.

Falls er kein Bild mehr malen kann, so machst du das für ihn. Er kann ab und an in die andere Ebene durch das Bild reisen und sich so daran gewöhnen. Du kannst ihn mit schöner Musik begleiten und auch mitreisen. Das geht aber nur bis zu einer gewissen Stelle, dann musst du ihn alleine weiter gehen lassen. Aber bis dahin kannst du dem Sterbenden Sicherheit und Geborgenheit geben.

Keine Angst, du kannst so keinem das Leben nehmen. Falls sich der Mensch dabei entscheidet zu sterben, ist es an der Zeit für ihn und er hat so einen schönen, einfachen, bewussten Weg durch deine Hilfe. Willst du aber keine Sterbebegleitung machen, kannst du bei deinem Oberen Lehrer nachfragen was du sonst noch tun kannst um dem Sterbenden zu helfen.

Rückführung Verstorbener (Übung 23)

Diese schamanische Technik bezieht sich auf die hier hängen gebliebenen Verstorbenen, die sich nicht weiterentwickeln können. Sie können aber die Lebenden stören. Kinder nehmen diese Geister oft noch wahr, können dann eventuell nur mit Licht einschlafen, aber keiner glaubt ihnen. Deine Aufgabe ist es nun, diesen Verstorbenen klarzumachen, dass sie tot sind und sie dann zu überreden, in das Land der Seelen überzugehen. **Viele** Schamanen arbeiten mit Hilfe einer Lichtsäule oder eines Lichttunnels. **Reise zu deinem Lehrer der oberen Welt** und bitte ihn, dir zu zeigen wie du die Seelen von dieser Ebene lösen und sie den Helfern auf der anderen Seite übergeben kannst.

Fragen bezüglich „Jenseits“ aus meiner Praxis:

Was ist wenn die Verstorbenen sich weigern mitzukommen?

Manchmal möchten Verstorbene nicht mitgehen und du solltest diesen Wunsch akzeptieren. Wenn du aber trotzdem helfen möchtest so kannst du eine Lichtsäule erschaffen, die den Verstorbenen als Aufzug ins Land der Seelen dient. Rufe dein Krafttier und lass mit ihm zusammen eine Lichtsäule aktivieren, die zeitlich unbegrenzt wirken kann. Sollte dadurch auch ein anderer Verstorbener die Möglichkeit nutzen wollen, umso besser.

Deine persönliche schamanische Lichtsäule

Eine Lichtsäule ist ein mentales Gebilde, aber wir Menschen möchten meist sehr gerne etwas zum anfassen und begreifen.

Deshalb empfehle ich dir eine Selenit-Lichtsäule. Selenit ist ein Lichtkristall, in dem pures Licht eingefangen ist und Mutter Maria geweiht. Somit hilft uns dieser Kristall uns mehr selbst zu lieben und anzunehmen und schenkt uns Geborgenheit. Man nennt ihn den Stein der Ahnen und kann auch diesbezüglich genutzt werden, um mit unseren Ahnen zu arbeiten. Zünde eine weiße Kerze oder Teelicht an und stelle diese in eine Selenit-Lichtsäule. Visualisiere dir eine weiße Lichtsäule, die nach oben steigt und allen anwesenden Verstorbenen die Möglichkeit bietet durch diese Lichtsäule aufzusteigen und ins Licht zu gehen. Dieser Lichtkanal kann ebenso gut als Sender wie auch als Empfänger von dir genutzt werden, um mit deinen Ahnen oder einem geliebten Verstorbenen, auch Tiere nicht nur Menschen, zu kommunizieren. Stell dir einfach diese Lichtsäule als Sprachrohr Gottes vor, das es dir ermöglicht wie ein kosmisches Telefon genutzt zu werden. Bitte darum diesen Kanal dauerhaft zu reinigen und zu schützen durch Erzengel Gabriel und Michael und nutze ihn als dein Portal zur Anderswelt, auch zur Kontaktaufnahme mit deinem Schutzengel. Von jetzt an bist du nie mehr alleine und hast immer die Möglichkeit mit deinen geistigen Helfern zu kommunizieren. Das gibt dir wieder Hoffnung und vor allem Bestätigung, dass es nach dem Tod weitergeht und du jederzeit mit deinen Lieben in Verbindung kommen kannst. Dieses wunderbare Ritual verstärkt dein Vertrauen in deine spirituellen Kräfte und schärft dein drittes Auge und deine fein-stofflichen Sinne.

Mein Schamanen-Tipp: Der 31. Oktober auf den 1. November

Ist einer der besten Tage um mit der Kraft der Ahnen zu arbeiten, sie zu ehren und als Belohnung mit den Wahrsagekarten in die Zukunft zu blicken, um die besten Ergebnisse zu erhalten.

Wie kann ich feststellen, ob ein Verstorbener in der Nähe ist?
Meist kannst du die Präsenz eines Verstorben fühlen. Das können plötzlich auftauchende Erinnerungen an den Verstorbenen sein oder ein plötzliches Gefühl, dass du nicht alleine bist. Oft wird auch ein Windhauch wahrgenommen, obwohl alle Fenster und Türen geschlossen sind. Um ganz sicher zu gehen frage dein Krafttier und schaue mit deinem inneren Auge auf der mittleren Welt nach, ob ein Verstorbener gerade bei dir ist. Wir sind Seelen mit menschlichen Körpern, deshalb können wir mit anderen Seelen kommunizieren, egal ob wir daran glauben oder nicht.

Wo ist der Unterschied zwischen Verstorbenen und Engeln?
Ein Verstorbener ist ein Mensch ohne Körper und besitzt menschliche Erfahrungen. Ein Engel war niemals menschlich oder hatte niemals ein menschliches Leben geführt. Im Gegensatz zu aufgestiegenen Meistern.

Schamanisches Familienstellen

Die Familie unsere Licht-Gemeinschaft spielt im Schamanismus eine große Rolle, da alles miteinander verbunden ist und miteinander in Verbindung steht. Zeit und Raum spielen dabei keine Rolle, da dies nur Wertesysteme von unserer Gesellschaft sind, um den Verstand zu beschäftigen. Der Verstand ist ein wichtiges Instrument, aber in der Schamanischen Beratung hinderlich, denn dort geht es um die Seele und die verborgenen Anteile die einen blockieren oder von der Harmonie/ Gesundheit trennen. Jeder Mensch hat eine Seele und jeder Mensch hat die freie Wahl zu entscheiden in welche Richtung es in seinem Leben geht. **Auch die Wahl sich zu entscheiden keine Wahl zu haben ist eine Möglichkeit und diese führt auf Dauer zu Depression, Einengung und Krankheit. Ein Großteil der Menschheit hat viel mehr Angst eigenständig zu Leben als zu sterben. Warum?** Weil den meisten Menschen von unserer Gesellschaft verschiedene Wertesysteme und Grundvorstellungen eingeprägt wurden Wie zum Beispiel:

„Das darfst du nicht!“; „Du musst lieb und nett sein!“; „Du kannst das nicht.“; „Das gehört sich nicht!“; „Aus dir wird nie etwas.“ usw.

Wir haben gelernt damit zu leben, auch wenn wir tief in unserem Innersten wussten, dass diese Wertvorstellungen nicht immer nützlich

und nicht immer gut für uns sind. Aber diese Vorstellungen begleiten uns seit unserer Kindheit und auch als Erwachsener haben wir mit diesen Wertesystemen zu kämpfen und wissen nicht so recht was mit uns geschieht. Das kann sich darin äußern, dass jemand der den Satz: „Du musst immer lieb und nett sein“ eingeprägt bekommen hat, über sich selbst denkt: „Ja ich muss immer lieb sein, weil mich sonst keiner leiden mag und ich wertlos bin.“ Dies äußert sich in Beziehungsproblemen und der Auswahl der falschen Partner, die einem nur noch bestätigen: Ja, ich habe dich lieb, aber nur wenn du immer nett zu mir bist und das machst was ich dir sage. **Die Bewusstheit diese Verhaltensstrukturen bewusst wahrzunehmen und verändern zu wollen ist die Grundvoraussetzung zur Heilung.**

Jeder Schamane trägt viel Licht und Energie in die Welt. Einfach nur durch seine Anwesenheit auf der Erde.

Gerade deshalb sollte er immer versuchen in seiner Mitte zu sein.

Je weiter er sich entwickelt, desto stärker sind die Manifestationen seiner Gedanken in der Welt.

Einer seiner Hauptaufgaben ist die eigene Heilwerdung.

Da er sehr mit seiner Ahnenfamilie verbunden ist, gehört die Heilung der Ursprungsfamilie natürlich auch dazu.

Reise zu deinem Schutzengel (Übung 24)

Mit Hilfe dieser Reise kannst du deinen persönlichen Schutzengel kontaktieren. Lass dich von deinem oberen Lehrer zu deinem Schutzengel bringen. Die obere Welt ist sowieso das Zuhause deines Schutzengels und es fällt ihm leichter dich dort zu kontaktieren. Durch die Himmelspforte kommt dein Schutzengel ganz leicht zu dir. Ist der Kontakt einmal hergestellt kannst du jederzeit deinen Schutzengel aktiv rufen und ihn auch bitten Kontakte zu Verstorbenen herzustellen. Das funktioniert wunderbar und du brauchst nicht immer selbst ins Land der Seelen reisen, sondern kannst ab sofort deinen Schutzengel für dich dorthin senden. Ideal wäre es, wenn du dir dort eine Sitzbank einrichtest, so kannst du dich dort sowohl mit deinem Schutzengel als auch mit Verstorbenen unterhalten.

Dein persönlicher schamanischer Schutzengel-Generator

Schutzengel sind kosmische Lichtkräfte aber meist fehlt uns gerade am Anfang unserer schamanischen Tätigkeit etwas zum Begreifen, möchtest du auch im Hier und Jetzt etwas zum Anfassen? So besorge dir zwei kleine Schutzengelfiguren, eine aus Bergkristall und die andere aus Tigerauge, die du in die Hand nehmen kannst. Bitte deinen Schutzengel diese Objekte zu weihen und zu segnen und mit seiner Kraft aufzuladen, so hast du deinen eigenen Schutzengel-Generator. Der Bergkristall-Schutzengel hilft dir besseren Kontakt zu Engeln und zur geistigen Welt herzustellen und Klarheit zu bekommen. Der Tigerauge-Schutzengel hilft dir dich zu erden und dich von negativen Gefühlen wie Trauer oder Depressionen zu befreien. Probiere es einfach mal aus, du wirst die unterschiedlichen Energien deutlich wahrnehmen können.

Reise zu deiner Ahnenkraft (Übung 25)

Jeder Mensch bekommt von seinen Ahnen Aufgaben und Muster mit auf seinen Lebensweg: Je nach Lebensaufgabe übernehmen wir mehr oder weniger Ahnen-Pakete, die uns daran hindern können unser Selbst zu entfalten. Pakete tragen wir immer auf dem Rücken und dadurch blockieren wir uns selbst und unsere Wirbelsäule. **Du hast aber schamanisch immer die Möglichkeit dich von Blockaden zu befreien und die volle Urkraft deiner Ahnen zu nutzen.** Sehr oft sind in diesen Paketen Fremdlasten und Familienkarma, die wir unbewusst mit uns herumschleppen und die uns daran hindern wirklich frei zu sein für die Dinge, die wir wirklich wollen und nicht nur sollen. Das äußert sich darin, dass wir das Gefühl haben ein falsches Leben zu leben, nicht dazu zu gehören oder einfach nur ohne Grund dauerhaft traurig sind und uns nichts im Leben wirklich zu gelingen scheint. Das lässt sich wunderbar mit einer schamanischen Reise zu deinen Ahnen klären und dich auch dauerhaft erlösen. Reise zu deinem unteren Lehrer und bitte ihn darum dich von deinen Ahnenpaketen zu erlösen. **Bitte außerdem darum dich von alten Verstrickungen und Belastungen zu lösen, die Ahnenreihen zu säubern und 7-10 Generationen zurück-zugehen und die Urkraft der Ahnen zu nutzen**. Das Geschenk unserer Ahnen besteht immer aus Liebe und Vertrauen und kann dazu beitragen dein jetziges Leben zu segnen und deine Pakete, die du unbewusst übernommen hast, zurückzusenden und dich zu befreien von Belastungen deiner Vorfahren, Gelübden oder Versprechen, die dich daran gehindert haben dein volles Potenzial zu entfalten. Hast du diese Reise gemacht, dann wirst du eine große Leichtigkeit erfahren. Zünde danach eine Ahnenkerze oder Selenit-Lichtsäule an um dadurch im Hier und Jetzt die Ahnen zu würdigen. Als Ahnen-Geschenk zünde bitte ein Räucherstäbchen an.

Folgende Sorten eignen sich dafür sehr gut: Angel Healing und Palo Santo oder Weihrauch. *Palo Santo ist übrigens der Weihrauch der Schamanen und ersetzt den klassischen Weihrauchgeruch, der von vielen Menschen als unangenehm empfunden wird.*

Stammbaum deiner Familie (Übung 26)

Schreibe den Stammbaum deiner Ursprungsfamilie auf, soweit er dir bekannt ist. Beginne bei dir selbst und gehe dann zu deinen Eltern und deren Eltern usw.

- Wenn bekannt, dann schreibe die Geburtsdaten und Sterbedaten dazu.
- Woran sind die Ahnen verstorben?
- Gab es Fehlgeburten oder sind Kinder verstorben?
- Gab es Krankheiten in der Familie?
- Gab es Süchte in irgendeiner Art und Weise?
- Gab es auffällige Verhaltensmuster wie z. B. Herrschsucht, Wutanfälle oder ähnliches?
- Wurde ein Mitglied verschwiegen?
- Wurde ein Mitglied ausgestoßen?
- Gab es Mordfälle oder Selbstmorde?
- Gab es sonstige Auffälligkeiten?

Wenn deine Eltern oder Großeltern noch leben, befrage sie.

Frage nach deren Eltern und Großeltern. Wie war das Verhältnis untereinander. Bringe so viel du kannst in Erfahrung.

Gibt es vielleicht alte Fotografien?

Eventuell hast du zu einem der Ahnen eine besondere Beziehung.

Frage deinen oberen Lehrer wieso? Frage auch, ob du bei deinen Ahnen einen Helfer hast. Wenn ja, wer ist das und was kann er oder sie für dich tun. Du kannst dir auch einen Ahnenaltar bauen.

Stammbaum anfertigen, vielleicht sogar mit Bildern.

Bilder aufstellen, Kerzen dazustellen, Räucherung, Wasser, Opfergabe, vielleicht alte Familienerbstücke dazulegen.

Bitte dann um Frieden für alle Beteiligten.

Familiäre Flüche und Verwünschungen lösen (Übung 27)

Bitte dein Krafttier dir zu helfen negative Verwünschungen und Flüche aufzulösen. Dazu sprich folgendes Gebet:

„Ich bitte darum alle negativen Muster Verwünschungen und Flüche, die ich über meine Ahnenreihe mütterlicherseits und väterlicherseits übernommen habe aufzulösen. Ich bitte darum sämtliche Streitigkeiten und Rivalitäten zwischen Frauen und Männern aufzulösen. Ich bitte auch darum meine eigenen Streitmuster, die ich mütterlicher- und väterlicherseits übernommen habe, aufzulösen. Ich bitte darum sämtliche rituellen Handlungen und Arten von Magie sowie Rituale und Verwünschungen zu lösen. Ich bitte darum sämtliche Arten von Armutsdenken und Verluste zu lösen auszugleichen und die finanzielle Fülle und körperliche Leichtigkeit sowie die kosmische Ordnung und Harmonie wieder herzustellen. Ich bitte um den göttlichen Segen und Schutz zum Wohle aller Beteiligten und von mir selbst. Ich bitte um Heilung, Schutz und Segen meiner gesamten Familie und meiner Ahnen. DANKE“

Zünde danach eine weiße Kerze an und lass ein Palo Santo-Räucherstäbchen abbrennen. Wenn du magst kannst du das Gebet solange wiederholen bis du das Gefühl hast, das es stimmig für dich ist.

Fragen bezüglich „Flüche“ aus meiner Praxis:

Wie kann ich mich am besten vor Flüchen schützen?

Flüche, das klingt immer gleich nach schwarzer Magie, ist es allerdings nicht. Jede Art von Hassgedanken und Eifersucht zählt dazu. Du bist meistens immer geschützt durch dein höheres Selbst und wenn du auf einer „guten“ Schwingung (Freude, Leichtigkeit, Liebe, Vergebung) bleibst. Achte darauf, dass du dich nicht runter ziehen lässt und sei achtsam. Um sich vor Flüchen zu schützen benutzen die Schamanen besondere Gegenstände, darunter auch die heiligen **Moqui-Marble-Steine.** Diese Steine treten immer paarweise männlich und weiblich auf. Dadurch kann man sich idealerweise von weiblichen oder männlichen Verwünschungen schützen. Laut schamanischer Überlieferung sollen sie ihren Besitzer vor allem Bösen Flüchen schützen, vor falschen Freunden bewahren, seine Seele stärken, vor Feuer, Hochwasser und Blitzschlag bewahren, sollen Willenskraft, Ausdauer, Durchsetzungsvermögen, seelische Stabilität verleihen und die Heilkraft andere Heilsteine stärken. In der Astrologie repräsentieren Moqui-Marbles wegen ihrer Kombination von Eisen und Quarz die Verbindung von Mars und Saturn.

Wie finde ich heraus ob ich verflucht oder verwünscht bin?

Wenn du dauerhaft negative Erfahrungen machst und du selbst immer wieder das Gefühl hast, dass irgendetwas nicht stimmig ist. Dir scheint nichts zu gelingen, auch wenn du selbst alles richtig machst. Mache eine Reise in die mittlere Welt zu deinem Krafttier und lass dich zu einem deiner Lehrer bringen. Dort bekommst du gesagt was gerade abläuft und ob du wirklich verflucht bist oder ob du selbst der Auslöser bist.

Wie löse ich Flüche und Verwünschungen auf?

Durch schamanische Arbeit, Gebete und Rituale kannst du Flüche und Verwünschen auflösen. Übung 27 wird dir dabei helfen.

Kapitel 4 – Schamanische Hausreinigung

Dein Zuhause

sollte auch gleichzeitig dein Kraftort sein. Schamanisch betrachtet ist es sehr wichtig, dass unser Zuhause gesäubert und gereinigt ist. Dadurch können sich die spirituellen Energien und Hausgeister frei entfalten und dir hilfreich zur Seite stehen.

Kraftplätze erschaffen

Mache deine Wohnung zu deinem Kraftplatz.

Das geht folgendermaßen:

- Du errichtest dir deinen eigenen Hausaltar (dauerhaft auf einer Fensterbank oder transportabel auf einem Essenstablett was wieder weggeräumt werden kann)
- Du platzierst Gegenstände in den vier Himmelsrichtungen
- Es ist gut, rituelle Gegenstände wie Räuchergefäß, Kerzen, Rasseln, Heilsteine zu benutzen.

- Nutze die Kraft der Farben und aktiviere deinen Hausaltar mit einer farbigen Tischdecke deiner Wahl. Farbenbedeutung siehe Kerzenfarben Kapitel 1.
- Zum Schluss solltest du den Altar durch eine Zeremonie einweihen, ihm eventuell einen passenden heiligen Namen geben.

Bitte vergiss nicht, für deine Wohnung vorher eine Reise zu machen und sie zu befragen was sie braucht, um dein Kraftplatz zu werden.

Dies war der erste Schritt, nun geht es zusammen mit deinen Orts- und Hausgeistern an die Feinheiten der Kraftentfaltung.

Ortsgeister

An manchen Orten kann man die Anwesenheit von etwas oder jemandem spüren. Manchmal fühlt man sich begrüßt, beobachtet oder abgelehnt. An anderen Orten hat man das Gefühl, dass sie tot sind. Dort fehlen dann die Ortsgeister. Ähnlich wie Seelenanteile fliehen, so können auch Ortsgeister, Pflanzenwesen und andere feinstoffliche Wesen sich von ihrem Wirkungskreis entfernen. Baustellen, Atomkraftwerke und Unmengen an Giften (Spritzmittel…) können zu einem Trauma führen, was der Auslöser zur Flucht dieser Wesenheiten sein kann. Wie die Menschen brauchen auch die Wesenhaften Aufmerksamkeit und Liebe. Gerade die Ortsgeister sind da sehr benachteiligt. Sie sind oft jahrhundertelang allein, bevor sich ein Mensch mit ihnen unterhält. Frage vor deiner Arbeit, ob du dafür zuständig bist, den Ort zu heilen und nimm dann Kontakt auf.

Ortsgeister besuchen (Übung 28)

Bitte dein Krafttier, dich zu dem Ortsgeist zu bringen.

Besonders sinnvoll ist die Arbeit im eigenen Garten. Schaue, ob du dort einen Ortsgeist vorfindest, frage ihn, wie du den Garten gestalten sollst. Eventuell auch, wie du in Harmonie mit der Natur leben kannst.

Sei nicht verwundert, wenn die Ortsgeister dir nicht alle Fragen beantworten können. Ihr Gesichtsfeld kann recht eingeschränkt sein. Du kannst natürlich immer versuchen, ob du eine Antwort bekommst, manchmal verweisen sie dich dann z. B. an einen Baum in der Nähe. Es schadet nichts, eine Rassel mit in die Natur zu nehmen, damit das Reisen einfacher ist.

Falls du den Ortsgeist nicht vorfindest, so kannst du ihn zurückholen.

Ortsgeist-Rückholung (Übung: 29)

Reise zum Lehrer in der oberen Welt und frage ihn, wie du fehlende Ortsgeister finden und zurückbringen kannst. Ortsgeister helfen dir dabei deinen Wohnort und dich selbst mit Kraft zu versorgen und sorgen auch für Harmonie in deinem Umfeld z. B. Harmonie bei Nachbarn und Freunde in der gleichen Stadt.

Hausgeister

Jedes Haus besitzt einen Hausgeist, sofern er sich nicht versteckt hat oder gegangen ist. Oft geht es den Hausgeistern nicht gut.

Es gehört zu den Aufgaben der Schamanen, auch Orte und Häuser zu reinigen und ihnen zu helfen. Sind die Hausbewohner energielos, unglücklich oder gestresst, so kann das an Hausgeiststörungen liegen. Dieser Geist gehört ins Zentrum des Hauses. Sitzt er im Keller, so kann er dort nicht gut wirken. Durch Schocks, Umweltgifte, Missachtung kann ein Hausgeist unglücklich und krank werden oder fliehen.

Hausgeister aktivieren (Übung 30)

Reise in die mittlere Welt und rufe den Hausgeist.

Falls du dort niemanden vorfindest, bitte dein Krafttier, dich zu ihm zu bringen und überrede ihn, mit zurückzukommen. Frage ihn, wie es ihm geht und was er braucht. Halte dein Versprechen und handle seinen Wünschen gemäß (falls möglich). Hausgeister wünschen sich oft Räucherungen, Steine, Kerzen, Blumen oder einen schamanischen Hausaltar wie bereits vorher beschrieben. Dein Hausaltar ist somit komplett aktiviert und deine Wohnung optimal energetisiert. Bitte nun auch deinen Hausgeist dich vor negativen Energien, Einbrüchen oder anderen Einflüssen zu beschützen und sprich täglich mit ihm.

Schamanischer Hausputz (Übung 31)

Unsere Zähne reinigen wir täglich, aber spirituell sind wir meist nachlässig. Du solltest mindestens alle drei Wochen deine Wohnung auch energetisch säubern mit Hilfe einer schamanischen Hausreinigung. Dazu nimm einen weißen Salbei-Stick (Kräuterbüschel mindestens 15-20 cm lang) und räuchere alle deine Räume kräftig bei geschlossenen Fenstern aus. Mindestens zwanzig Minuten lang so, dass sich der Rauch frei entfalten kann. Räuchere so lange bis die Räume mit Rauch gut gefüllt sind und schließe die Türen und lass den Rauch seine Wirkung tun. Wenn du magst kannst du dabei auch rasseln, trommeln und ein kleines Gebet sprechen und um Auflösung und Reinigung bitten. Nach den zwanzig Minuten öffne bitte alle Fenster und Türen und lass die freigesetzte Energie rausziehen. Du wirst bemerken, dass sich der ganze Raum erhellt und leichter anfühlt. Wenn du magst kannst, du noch mit einem schamanischen Power Spray, z. B. „Lebensfreude“, die gereinigte Atmosphäre aufladen mit einer Schwingung, die dir gerade gefällt. Rezepte siehe Kapitel Rituale & Rezepte.

Warum muss es weißer Salbei sein?
Weil gegen jede Krankheit ein Heilkraut gewachsen ist und bei energetischen Verschmutzungen der Aura und Wohnräumen am besten der weiße Salbei hilft.

Schamanisches Räuchern

Der richtige Einsatz von Kräutern, Pflanzen und Essenzen.

Das Räuchern von Kräutern geht schon auf die Urzeiten der Menschheit zurück und findet seine Wurzeln bei den alten Druiden und Schamanen. Räuchern gehört zu einer der rituellen heiligen Handlungen im Alltag und kann für alle Zwecke eingesetzt werden. Ich möchte in diesem Kapitel besonders die schamanische Kraft und Heilwirkungen auf seelischer Ebene darstellen, da diese oft vernachlässigt werden.

Die Unterteilung der einzelnen Ebenen geht auf altes schamanisches Wissen zurück, das ich vor kurzem wieder entdeckt habe. **Schamanen sind die Wanderer zwischen den Welten und das trifft auch auf sämtlich Pflanzen und Kräuter zu. Sie sind mit den Wurzeln im Hier und Jetzt verankert und tragen ihre Wirkung tief im Inneren.** Ihr Duft jedoch verströmt sich im Himmelszelt und geht somit eine Verbindung mit den höheren Ebenen ein. Und genau dieses Wissen machten sich die alten Schamanen zu Nutze und tun es auch heute noch. **Jeder Baum, Stein und Pflanze ist beseelt und trägt eine eigene besondere Kraft in sich.** Die Schätze von Mutter Natur sind schier unerschöpflich. Richtig angewandt können diese Hilfsmittel zu unserem Wohlbefinden beitragen und uns auf der seelischen Ebene auf Blockaden hinweisen, diese auflösen oder uns dabei unterstützen sie besser zu erkennen.

Den besten Berater trägt jeder bereits in sich selbst. Mit Hilfe der Pflanzen können wir diese Kräfte bündeln unterstützen und freisetzen.

Schamanische Kräuter (Übung 32)

Beantworte dir folgende Fragen ohne lange zu überlegen:

- Welches ist dein Lieblingskraut oder -pflanze?
- Zu welchem Duft greifst du spontan, wenn es dir schlecht geht?

Es gibt fünf wichtige Unterscheidungen:

- **Kräuter** (Einheit)
- **Wurzeln** (Verankerung)
- **Harze** (Transformation)
- **Blüten** (Neubeginn)
- **Essenzen** (Höchste Ebene)

Kräuter – alle heimischen Gartenkräuter wie Thymian, Kerbel, Gartenraute.

Seelische Ebene: Das ganze Kraut stellt wieder die Einheit von Körper, Seele und Geist her und wird benötigt, um alle drei Teile wieder zu vereinigen.

Wurzeln – Ganze Wurzelstücke wie Ginseng Wurzel, Ingwerwurzel.

Seelische Ebene: Die Wurzeln haben immer etwas mit der Verankerung im Hier und Jetzt zu tun. Sie stehen für unsere körperlichen Themen und werden benötigt, um die Seelenaufgabe im Hier und Jetzt zu lösen.

Harze – alle Harze und Weihrauchsorten.

Seelische Ebene: Harze verschmelzen auf Räucherkohle und damit haben sie eine Verbindung zu den höheren Sphären. Wenn es darum geht Materie feinstofflicher zu machen sollten wir zu Harzen greifen.

Das beste Mittel zur Blockadenlösung, die sich bereits körperlich manifestiert haben und aufgelöst werden wollen.

Blüten – Blütenblätter wie Rosenblüten, Arnikablüten.

Seelische Ebene: Blüten sind sehr zarte fast zerbrechliche feine Energien, ideal wenn es sich um einen Neubeginn, Arbeit mit Kindern oder die Kernseele handelt.

Essenzen – mit Essenzen sind Ätherische Öle, Auszüge oder Hydrolate (Pflanzenwasser aber auch Energiesprays gemeint).

Seelische Ebene: Es geht bei diesen Essenzen immer um die höchste Kraft der Seele und die Ebene der höheren Mächte. Da sie ätherisch sind schwingen sie auch auf der ätherischen Ebene und durchdringen sehr schnell die höheren Ebenen. Das höhere Selbst, Seelen-Rückholungen oder Verbindung zu den Erzengeln oder anderen Lichtwesen sind ideale Themen.

Schamanisches Kräuter-Lexikon von A-Z

Name	Verwendeter Teil	Schamanische Kraft
Alantwurzel	Wurzel	Schutz vor Bösem
Alfalfa	Samen	Gegen Geldnot
Alraune	Ganze Wurzel	Liebe & Schutz
Angelikawurzel	Wurzel	Engelskontakte, Schutz
Anissamen	Samen	Reinigung und Schutz
Ambra	Essenz – Parfümöl	Aphrodisiaka
Apfelblüten	Blüten	Zarte reine Liebe, Wahrheit
Arnika	Blüten	Heilung, Reinheit
Baldrianwurzel	Wurzel	Für einen guten Schlaf
Basilikum	Kraut	Schutz
Beifuß	Kraut	Hellsicht, Scham. Reisen
Beinwell	Kraut	Gesundheit, Knochen
Birkenblätter	Blätter	Schutz und Liebe
Brennnessel	Entwässerung	Schutz
Christhopskraut	Kraut	Liebeszauber, Schutz
Damianablätter	Blätter	Aphrodisiaka
Dill	Kraut	Unterstützt den Schlaf
Dorant	Harz	Heilung von Schmerzen
Drachenblut, Harz	Eines der stärksten Schutzmittel	Universalmittel gegen alles Böse
Eberesche	Beeren	Abwehrsystem - Vitamin C
Eibe	Rinde	gegen Krebs - Totenkult
Eichenblätter	Blätter	Heilt Vergiftungen
Eisenkraut	Kraut	Kraut der Hexen für Magie
Erdbeere	Blätter und Frucht	Liebe und Unschuld
Farnkraut	Kraut	Schutz vor Bösem
Fenchel	Samen	Liebe und Appetit
Flieder	Blüten	Gesundheit, Fieber
Frauenhaar	Kraut	Gesundheit, Schuppen
Gänseblümchen	Blüten	Liebe und Verliebtheit
Gartenraute	Kraut	Aphrodisiakum
Haselnuss	ganze Nuss	Schutz
Hauswurz	Wurzel	Gesundheit, Haut
Heidekraut	Kraut	Gesundheit, Blutreinigung

Holunder	Beeren	Gesundheit, gegen Entzündung
Hyazinthe	Parfüm-Öl	Unsichtbares sehen
Immergrün	Kraut	Gesundheit, Krebsmittel
Ingwer	Wurzel	Potenz und Kraft
Irlandmoos	Kraut	Glück gegen Flechte
Jasminblüten	Blüten	Liebe, Sinnlichkeit
Johanniskraut	Kraut	Gesundheit, Immunsystem
Kamille	Blüten	Gesundheit, Kopf
Kirsche	Blüten	Liebe, Neubeginn
Knoblauch	Wurzelknolle	Schutz vor Bösem
Kokosnuss	Frucht	Reinigung und Schutz
Königskerze	Blätter	Ruhe und Schlaf
Kümmel	Kraut	Vertreibt ungebetene Gäste
Krokus	Blüten	Liebe und Schutz
Lavendel	Blüten	Glück, Liebe, Schutz
Liebstöckel	Kraut	Liebe
Lindenblüten	Blüten	Hellsicht und öffnet 3. Auge
Lorbeerblätter	Blätter	Geld und Schutz
Löwenzahn	Blätter	Liebe
Lotus	Essenz – Parfüm-Öl	Weisheit und Reichtum
Mandelbaum	Blüten	Geld und Schönheit
Melisse	Kraut	Erfolg und Wahrheit
Mistelkraut	Kraut	Magie und Liebeszauber
Mohn	Blüten	Träume , Schlafzauber
Mondraute	Kraut	Weiblichkeit
Moschuskraut	Kraut	Verstärkt die Sexualität
Moschus	Essenz – Parfüm-Öl	Zieht Männer an
Muskatnuss	Ganze Nuss	Geld und Schnelligkeit
Nelke	Kraut	Kerzenzauber, Astralreisen
Olibanum	Harz	Weihung und Segnung
Orangenblüten	Blüten	Liebe und für Geld
Palo Santo	Holz	Segnung und Schutz
Patchouliblätter	Blätter	Männliche Kraft und Erotik
Petersilie	Kraut	Potenz und Sexualität
Pfefferkörner	Blüten	Schutz und Beschleunigung
Pfirsichblüten	Blüten	Liebe und Reinheit
Ringelblume	Blüten	Heilungsbalsam

Rose	Blätter – Blüten	Seelenverbindung, Liebe
Rosmarin	Kraut	Starker Schutz, Heilung
Salbei	Blätter	Raumreinigung, Schutz
Sandelholz	Rinde	Jenseitskontakte, Schutz
Sellerie	Blätter	Lebenselixier kombiniert mit Knoblauch und Weißwein
Sonnenblume	Blüten – Kerne	Glück und Wohlstand
Thymian	Kraut	Schutz und Kommunikation
Tonkabohne	Ganze Bohne	Vermittler und Aphrodisiakum
Vanille	Blüte	Liebe und Verführung
Verbena	Siehe Eisenkraut	Magie, Hausschutz
Vetivert	Wurzel	Schutz und Klarheit
Wachholder	Beeren	Schutz und Vertreibung
Weißdorn	Blüten	Alte Weisheit, Gesundheit
Weihrauch	Essenz – Ätherisches Öl	Segen und Altarweihe
Wermut	Kraut	Gesundheit, Verdauung
Yerba Santa	Kraut	Heiliges Kraut, Schutz
Ysop	Kraut	Schutz
Zimt	Ganze Rinde	Geld und Anziehung

Um optimal zu räuchern benötigst du Folgendes:

- Räucherkohle
- Ein feuerfestes Räuchergefäß z. B. Tonschale
- Räuchersand oder Blumenerde
- Eine Räucherpinzette
- Streichhölzer oder Feuerzeug
- Räucherware von guter Qualität
- Einen Fächer oder eine Feder
- Einen Mörser

Benutzung:

- Gib in das Räuchergefäß etwas Blumenerde oder Sand, so
- dass der Boden gut bedeckt ist.

- Nun nimm 1 Stück Räucherkohle aus der Verpackung und halte es mit der Pinzette fest. Nun zündest du das Stück Kohle von der Unterseite an. Vorsicht Funkenbildung.
- Danach legst du die glühende Kohle auf den Räuchersand.
- Warte bis die Kohle gut durchgeglimmt ist.
- Die Kohle ist räucherbereit, sobald sie einen weißen Film gebildet hat. Nun kannst du etwa einen Teelöffel deiner Räucherware darüber geben.
- Falls es sich um eine feste Harzmischung handelt, solltest du diese vorher in einem Mörser zerkleinern.
- Reinige nun mit dem aufsteigenden Rauch dein Ritualzimmer, deine Wohnung und natürlich dich selbst.

Blitz-Räucherung, wenn es schnell gehen muss:

Solltest du nicht immer die Zeit für eine komplette Räucherungszeremonie haben, benutze einfach eine Rassel und ein Räucherstäbchen. Dies eignet sich besonders gut um deine Aura sanft zu reinigen.

Folgende Sorten eignen sich gut zur Reinigung:

- Weißer Salbei
- Drachenblut
- Erzengel Michael-Mischung
- Erzengel Raphael-Mischung
- Weihrauch/Frankinsence
- Lavendel
- Satya Nag Champa Blau
- Sandelholz

<u>Benutzung:</u> Rassle dich ab, dann streiche mit dem Räucherstäbchen einfach ein paar Mal über deine Aura am ganzen Körper und visualisiere dir ein weißes Licht, das dich von allem negativen Schmutz reinigt. Solltest du jedoch trotz Räucherungszeremonie, egal welcher, immer noch negative Energie bei dir spüren, so nimm ein warmes Bad oder stell dich unter die Dusche und stell dir vor wie alles vom Wasser gereinigt wird.

Schamanische Raunächte

Ein weiteres besonderes Thema, wenn es um das Räuchern geht, sind die alten schamanischen Raunächte in der Zeit vom 21. 12. bis 6. Januar. Diese besonderen Nächte möchte ich ganz speziell erwähnen, da du in dieser Zeit einmalig die Möglichkeit hast noch einmal **das komplette vergangene Jahr** durchzureisen und sämtliche Energien zu transformieren. Die einzelnen Raunächte und ihre schamanische Bedeutung:

25. Dezember steht für den Monat Januar (Basis, Grundlage, Wurzelchakra, Urvertrauen, Kraftaufbau und Energie).

26. Dezember steht für den Monat Februar (höheres Selbst, Kontakt zu den Ahnen und Geistführern, innere Führung).

27. Dezember steht für den Monat März (Herzöffnung, Heilung von Liebesthemen, Wunder können wahr werden).

28. Dezember steht für den Monat April (Auflösung, Reinigung, Blockadenlösung).

29. Dezember steht für den Monat Mai (Freundschaft, Harmonie, Kontakte knüpfen).

30. Dezember steht für den Monat Juni (Bereinigung von Konflikten und Streitigkeiten).

31. Dezember steht für den Monat Juli (Vorbereitung auf zukünftiges Geschehen, Zukunftsblick).

01. Januar steht für den Monat August (Geburt des Neuen Jahres).

02. Januar steht für den Monat September (Segen, Weisheit; Göttliche Führung).

03. Januar steht für den Monat Oktober (Verbindung nach oben, Visionen und Eingebungen).

04. Januar steht für den Monat November (Loslassen, Abschied nehmen, frei sein).

05. Januar steht für den Monat Dezember (Reinigung und Transformation, auf eine höhere Ebene steigen).

Beginn ist immer 0:00 Uhr des jeweiligen Tages.

In diesen zwölf heiligen Nächten solltest du jede Nacht ein **Raunacht-Ritual** nach alter Überlieferung durchführen.

Ideale Kräuter und Harze für die Raunächte sind: Weihrauch, Wacholder, Salbei, Thymian, Drachenblut, Myrre, Patchouli, Lavendel, Melisse, Tonkabohne, Styrax und Rosenweihrauch.

Ob Partnerritual für Fruchtbarkeit und Liebe, Reinigungsritual, Löseritual, Ahnenritual, Stilleritual, Orakelritual, Traumritual, Kristallritual, Transformationsritual oder ein Naturgeisterritual, das bleibt ganz dir selbst überlassen.

Kapitel 5 – Schamanisches Kartenlegen & Hellsehen

Schamanisches Hellsehen

Das schamanische Hellsehen ist **eine natürliche Gabe, die sich automatisch entwickelt,** wenn du intensiv und dauerhaft mit schamanischen Reisen arbeitest. Dein inneres Auge wird dadurch trainiert, deine außersinnliche Wahrnehmung geschult und mit der Zeit bekommst du immer mehr hellsichtige Eindrücke auch im Alltag. Für Schamanen ist es jedoch nur ein Nebenprodukt, es geht vielmehr um die Heilung und den Gesamtaspekt dem Lebewesen (Mensch, Tier, Mineral oder Pflanze) gegenüber. Deshalb sind Schamanen keine klassischen Wahrsager, was Liebesfragen (z. B: „Kommt mein Herzensmann bald zu mir?“) betreffen. Das sind nicht ihre Aufgaben. Ihre Hauptaufgabengebiete sind die geistige Gesundheit und Vitalität, Häuser, Auren, Chakren und Grundstücke zu säubern. Energien auszugleichen wieder Harmonie und Kraft herstellen. Lebensfreude und Leichtigkeit erwecken, die Kommunikation mit der geistigen Welt zu fördern. Kontakte zu Engeln und Verstorbenen herzustellen. Das Wissen über Heilsteine, Kräuter und Pflanzen weiterzugeben und zu nutzen, sowie vieles mehr. Jeder Schamane arbeitet auf seine ganz eigene Art. Das schamanische Hellsehen ist eine ganz eigenständige Form des Hellsehens. Ich persönlich bin mit der Gabe der Hellsicht geboren und brauchte es nicht zu erlernen. Allerdings musste ich lernen wie man damit im Alltag umgeht und es steuert.

Nun zur Technik:

Das schamanische Hellsehen ist eine Beratungstechnik, die es dem Schamanen ermöglicht sich in kurzer Zeit in das geistige Energiesystem eines Menschen einzuklinken und darin wie in einem Buch zu lesen. Voraussetzung ist die Offenheit des Klienten und das gegenseitige Vertrauen. Aber auch wenn ein Klient Blockaden aufgebaut hat, ist es dem Berater möglich sich einzuklinken. Da der Berater keine Blockade hat und diese vom Klienten gebaute umgehen kann. In Kombination mit einem Kartendeck kann das Ganze noch verfeinert werden und die Grundursache noch intensiver bearbeitet werden. Obwohl das Kartendeck nicht immer notwendig ist, kann es doch eine Erleichterung sein, da die Karten ein Grundgerüst bilden das durch die hellseherischen Fähigkeiten noch zusätzlich unterstützt wird. Viele Durchsagen aus der geistigen Welt lassen sich dadurch besser und genauer zuordnen und auf das individuelle System des Ratsuchenden einstellen.

Schamanisches Kartenlegen

Im Laufe meiner schamanischen Arbeit habe ich ein eigenes System entwickelt mit den Lenormandkarten zu arbeiten. Dieses möchte ich dir gerne vorstellen und mit dir teilen. Als Schamane schaue ich natürlich zu allererst auf die Kraftzentren, die **CHAKREN**, diese sind das A & O bei jedem Menschen, da ich hellsichtig bin kann ich dies auch ohne Karten bei den Menschen feststellen.

Jedoch nicht jeder hat diese Möglichkeit und deshalb hier meine erste Legung zum Thema Chakren:

Schamanische Chakra-Legung:

Nimm folgende sieben Karten aus einem Lenormanddeck:

Die Schlange (07); Die Lilien (30); Die Sonne (31); Das Herz (24); Der Hund (18); Die Sterne (16) und das Kreuz (36). Mische diese miteinander, konzentriere dich auf dein Anliegen und lege die Karten 1-7 übereinander liegend aus:

7
6
5
4
3
2
1

Du beginnst mit der Deutung beim **ersten Chakra**: Wurzelchakra ROT, liegt dort die Schlange? Wenn ja, dann ist dieses Chakra ausgeglichen, wenn nicht solltest du einen Ausgleich vornehmen.

Dann kommt **das zweite Chakra**: Sakralchakra ORANGE, liegen dort die Lilien? Wenn ja, dann ist dieses Chakra ausgeglichen, wenn nicht solltest du einen Ausgleich vornehmen.

Das dritte Chakra: Solarplexuschakra GELB, liegt dort die Sonne? Wenn ja, dann ist dieses Chakra ausgeglichen, wenn nicht solltest du einen Ausgleich vornehmen.

Das vierte Chakra: Herzchakra GRÜN, liegt dort das Herz? Wenn ja, dann ist dieses Chakra ausgeglichen, wenn nicht solltest du einen Ausgleich vornehmen.

Das fünfte Chakra: Halschakra BLAU, liegt dort der Hund? Wenn ja, dann ist dieses Chakra ausgeglichen, wenn nicht solltest du einen Ausgleich vornehmen.

Das sechste Chakra: Drittes Auge-Chakra LILA, liegen dort die Sterne? Wenn ja, dann ist dieses Chakra ausgeglichen, wenn nicht solltest du einen Ausgleich vornehmen.

Das siebte Chakra: Kronenchakra WEISS/GOLD, liegt dort das Kreuz? Wenn ja, dann ist es die richtige Reihenfolge, bei diesem Chakra ist es ausnahmsweise in Ordnung, wenn dort nicht die eigentlich zugeteilte Karte liegt, da das Kronenchakra immer sich selbst reinigt. Nur in bestimmten Notfällen sollten wir in dieses Chakra schamanisch reisen.

Hast du trotzdem das Bedürfnis es zu reinigen so benutze eine Mentaltechnik und zwar die Lichtdusche in den Farben: Weiß und Gold.

Ich weiß auch schon was du jetzt denkst: „Die Karten können doch niemals immer so liegen, dass die Chakren alle richtig sind, das ist unlogisch." Ich gebe dir Recht, das ist nicht immer der Fall. Aber ich habe auch schon des Öfteren Fälle gehabt wo mindestens fünf von den sieben Chakren richtig lagen. **Nimm es bitte nicht so ernst und sehe es als Spiel für dein Unterbewusstsein**. Einfach ausprobieren und Spaß daran haben, wenn du dies für zu aufwendig hältst, dann hier eine einfache BLITZ-Heilung:

Blitzchakra-Heilung

Lege alle sieben Karten in richtiger Reihenfolge übereinander und fahre mit der rechten Hand oder einem Chakra, - Rosenquarz, - oder Bergkristallstab immer und immer wieder von unten nach oben darüber und sprich folgendes Gebet: **„Ich bitte die Schöpfung alle meine Chakren auszugleichen, zu harmonisieren und in Einklang zu bringen."** Mein Tipp: dies funktioniert auch mit anderen Personen wenn sie nicht anwesend sind. Bitte, bevor du eine Chakra-Heilung vornimmst, immer zuerst um Erlaubnis.

Für alle andern kommt nun meine schamanische Chakren-Kartenlegung mit Lösungen.

Bei Unausgeglichenheit: Die Bedeutung der einzelnen Karten in den jeweiligen Chakren:

Wurzelchakra

Dort sollte die **Schlange** liegen, das bedeutet, dass die Kundalini-Energie, die ja die Schlange repräsentiert, frei fließen kann und die Person an diesem Chakra gut gearbeitet hat, somit ist es ausgeglichen. Aber nicht immer ist dies der Fall und die anderen sechs Karten bekommen in diesem Chakra folgende Bedeutung:

Die Lilien – Du solltest darauf achten, dass du nicht deine überschüssige oder fehlende Energie mit sexuellen Aktivitäten ausgleichst oder dass du selbst keinen Wert besitzt und diesen von andern Menschen abhängig machst. Sage dir immer wieder: „Ich bin ein wunderbares göttliches Wesen, das menschliche Erfahrungen macht, ich darf gut zu mir selbst sein und meine eigene Kraft leben, dann geht es mir bald wieder besser."

Die Sonne – Du flüchtest vor dir selbst und stellst immer andere in den Mittelpunkt. Durch irgendetwas oder irgendjemand im Leben fühlst du dich groß. Vergisst dabei aber deine eigene Größe. Vertraue mehr dir selbst und fördere deinen Selbstwert. Auch zu wenig Geld ist ein Thema für dich, das du ernst nehmen solltest. Stell dir vor, dass du alles bereits hast was du brauchst und Geld nur eine Energieform ist, die es dir ermöglicht mit dir zusammenzuwachsen, dann geht es dir schnell wieder besser.

Das Herz – Das ist ein Anzeichen für **Co-Abhängigkeit.** Du brauchst immer ein Gegenüber und würdest alles tun um geliebt zu werden, gehst wie selbstverständlich faule Kompromisse ein und lebst Beziehungen, von denen du genau weißt, dass sie dir nicht guttun. „Lass los", sagen die Engel „und liebe zuerst einmal dich selbst." Meist versteckt sich auch ein Familiendrama. Es fehlt die Liebe von einem Elternteil oder einer Bezugsperson und du würdest alles tun, nur um dies zu bekommen. In diesem Moment kann nur noch dein Schutzengel helfen. Bitte ihn um Unterstützung und sage immer wieder zu dir selbst: „Ich will das Gute und nur das Gute für mich, in mir und um mich herum, ich bin LIEBE, göttliche LIEBE", dann wird es dir schnell besser gehen.

Der Hund – Das ist das klassische **Helfersyndrom,** zuerst die anderen, dann komme erst ich. Vergiss nicht, dass es ohne dich keine Hilfe gibt und du auch an dich denken solltest um deine Batterien aufzuladen. Immer nur Arbeit, Arbeit und immer gibt es was zu tun, nur wer tut etwas für dich? Nur du selbst kannst dir das geben, was du wirklich möchtest. Was das ist? Geliebt werden und zwar so wie du bist! Sage immer wieder zu dir: „Ich bin ein wertvoller liebevoller Mensch mit ganz vielen Möglichkeiten. Ich entscheide mich in diesem Moment für das Gute und Reine in meinem Leben, das ICH BIN." Dann wird es schnell besser gehen.

Die Sterne – Alles andere ist unwichtig **nur die Spiritualität** zählt.

Spiritueller Größenwahn, Gedankenmanipulation und falsche Heiligkeit können dich selbst so sehr aus dem Gleichgewicht bringen, dass du es nicht bemerkst. Bei dieser Kombination solltest du darauf achten, dass du genügend geerdet bist und dich selbst einmal fragen: „Ist die Spiritualität nicht überall zu finden?“ Ich muss mich nicht zurückziehen und in meine Kammer einschließen, überall draußen gibt es Möglichkeiten mich neu zu entdecken und zu erfahren. Sage immer wieder zu dir selbst: „Ich bin ein spirituelles Wesen was menschliche Erfahrungen sammeln möchte und ich bin dankbar darum und nehme dieses Geschenk an“, dann wird es dir bald wieder besser gehen.

Das Kreuz – Achtung **Karma**. Es kann sein, dass wir noch Altlasten mit uns rumtragen aus früheren Leben. Da hilft ein „Karma Clearing“ (CD von Doreen Virtue im Buchhandel erhältlich). Wir haben das Gefühl festzustecken und immer wieder ähnliche Situationen zu erleben, die wie geballt auf einmal in unser Leben treten. Ist ein Thema gelöst kommt schon wieder das nächste und du fragst dich: „Wann hört das endlich auf?“ *Wisse, geliebte Seele, es kommt dir vor wie Ballast hat aber zu tun mit deiner Entwicklung hier auf Erden. Du bist eine alte Seele, die schon sehr oft hier inkarniert ist und in dieser Inkarnation anderen helfen möchte. Du erlebst deshalb so viel auf einmal, weil du es aushalten und verarbeiten kannst. Es wird besser werden sobald du nicht mehr verurteilst und diese Energie als Geschenk annimmst.*

Sakralchakra

Dort sollten die **Lilien** liegen. Das bedeutet, dass die Sexualenergie, die ja die Lilien repräsentiert, frei fließen kann und die Person an diesem Chakra gut gearbeitet hat, somit ist es ausgeglichen.

Aber nicht immer ist dies der Fall und die anderen sechs Karten bekommen in diesem Chakra folgende Bedeutung:

Die Schlange – Unsere eigene Kreativität kann nicht frei fließen, weil wir uns immer mehr Sorgen und Probleme aufhalsen. Wir sind gehetzt, haben keine Zeit und haben das Gefühl zu kurz zu kommen weil es ums nackte Überleben geht. Geldprobleme, Beziehungschaos, Impotenz oder Unlust allgemein machen uns das Leben schwer. Wir haben uns selbst vergessen, weil wir keinen Platz mehr für uns haben. Die Lösung: Entrümpelung und Aufräumen. Bitte lass allen Müll auch energetisch in dir und in deinem Umfeld los. Räume deine Wohnung auf und du wirst überrascht sein wie viel Platz du auf einmal hast. Trenne dich von Dingen, die du sowieso nicht mehr brauchst und löse dich von Menschen, die dir Energie rauben. Zusätzlich nutze folgende Mentaltechnik: Stelle dir vor, du klappst deinen Kopf auf und wirfst allen Müll (Gedanken, Personen, Erlebnisse) raus, den du nicht mehr benötigst. Das kannst du öfters wiederholen, dann wird es dir bald wieder besser gehen. Zusätzlich kannst du auch mit der violetten Flamme arbeiten.

Die Sonne – Weiter, besser, höher, schneller. – Ein Leben auf der Überholspur. Du kannst dich nicht bremsen und hast immer den Gedanken etwas zu verpassen. Das kostet dich ganz schön Kraft und Energie. Reise einmal zu deinem unteren Lehrer und befrage ihn, weshalb du immer das Gefühl hast etwas zu verpassen. Vertraue auf deine innere Wahrnehmung. Wisse, dass alles gut ist wie es ist und alle Dinge von selbst zu dir kommen, wenn du in deiner inneren Mitte bist.

Das Herz – Ich liebe dich aber… – Du bist nicht bereit Liebe auf tiefer Ebene zu leben und möchtest nur kurze Affären oder schnelle Energieschübe und Bestätigung erfahren. Das geht auf Dauer an deine Nerven. Da gibt es eindeutig was für dich aufzuarbeiten. **Mache eine Reise in dein Sakralchakra und frage das dortige Krafttier was du tun kannst, um wieder in Harmonie zu sein.** Frage außerdem deinen oberen Lehrer welchen tieferen Sinn Liebe für dich in deinem Leben hat. Wisse, dass du alle Möglichkeiten der Liebe in dir trägst, du bestimmst wie weit du dich ihr öffnen möchtest, immer. Eine Herzchakra-Räucherung wäre ebenfalls sinnvoll.

Der Hund – Großer Guru ich folge dir, egal wohin. – Achtung, Abhängigkeit. Du würdest anderen alles geben und nachfolgen. Jeder ist überzeugend in deinen Augen, nur nicht du. Das hat zur Folge, dass du niemals dich selbst achtest. Du trägst selbst so viel Wissen und Führung in dir, vertraue dir selbst und traue dir selbst mehr zu. Du selbst bist der Guru. Wenn nicht, frage einmal deinen unteren Lehrer was du vielleicht an Machtmissbrauchs-Themen in dir trägst und lass dich von diesen erlösen.

Die Sterne – Realität wo bist du? – Du erlebst das Leben als Last und flüchtest in Traumschlösser und stellst dir eine bessere Welt vor. Das kann sehr schön sein, aber immer nur in einer Traumwelt leben bringt Gefahren mit sich. Du hast das Gefühl realitätsfremd zu sein, nicht von dieser Welt und möchtest eigentlich nur nach Hause. Ab diesem Zeitpunkt brauchst du Unterstützung von außen, Freunde mit denen du reden kannst und vor allem auch eine gehörige Portion Eigenliebe….

Das Kreuz – Bestrafung durch Gott könnte die Überschrift lauten. – Dies ist jedoch nicht zeitgemäß und nicht mehr passend zu deinem jetzigen Leben. Gott ist pure Liebe und will dich nicht bestrafen. Lass diese alten Glaubenssätze los und alles wird sich zum Guten wenden.

Solarplexuschakra

Dort sollte die Sonne liegen. – Das bedeutet, dass dein Austausch mit der Umwelt und deine Lebensfreude, die ja die Sonne repräsentiert, frei fließen kann und die Person an diesem Chakra gut gearbeitet hat, somit ist es ausgeglichen. Aber nicht immer ist dies der Fall und die anderen sechs Karten bekommen in diesem Chakra folgende Bedeutung:

Die Schlange – Überall Spione. – Dies ist eine Art Misstrauen, dass du überall und in jedem einen Spion vermutest. Man kann keinem mehr trauen. Davon bist du überzeugt. Dann beginne zuerst einmal wieder dir selbst zu trauen und vergewissere dich, dass du selbst bestimmst was du glaubst oder nicht. Auch du selbst belügst dich öfters mal. Sieh die Wahrheit in dir und du wirst das Vertrauen auch im Äußeren wiederfinden können.

Die Lilien – Hingabe pur. – Du glaubst dich jedem hingeben zu müssen. Dadurch hast du keine natürlichen Grenzen, das wiederum schwächt deine Aura und macht dich zu einem benutzbaren Objekt. Erkenne, dass du selbst es wert bist Grenzen zu setzen und dich niemand benutzen kann. Du selbst bist frei und entscheidest auf wen du dich einlässt.

Das Herz – Das *Du* als Ausgrenzung. – Das Duzen mit jedermann, das kann manchmal ganz schön nervig sein und du hast immer das Gefühl nicht geachtet zu werden. Kein Wunder, da du jedem gleich das „Du“ anbietest und die Höflichkeits-Regeln nicht beachtest. Du möchtest Verbundenheit, aber das geht auch über die „Sie“-Ebene, dadurch erhältst du außerdem Respekt und Achtung.

Der Hund – Ich bin dein Kumpel. – Respekt bekommt man nur dadurch, dass du selbst auch Autorität ausstrahlst. Du möchtest lieber der lockere Kumpel sein und dazugehören. Dies jedoch ist nicht immer möglich und fordert dich auf, deine eigene Kraft und Stärke zu zeigen und auch zu leben.

Die Sterne – Alles bloß keinen Sex. – Ich bin soweit spirituell entwickelt, dass ich Sex ablehne und nicht mehr brauche. Mein spirituelles System braucht Licht und höhere Energien. Aber auch die Sexualität gehört dazu und sollte ausgelebt werden. Sex ist nicht unspirituell und gehört zum Leben dazu. Lass dich drauf ein. Durch Sexualität entsteht neues Leben.

Das Kreuz – Regeln sind wichtiger als Vertrauen. – Möchtest du Erfolg um jeden Preis? Dich immer an die Regeln halten und Kontrolle? Leider wirst du feststellen, dass es immer andere gibt, die nicht diese Regeln einhalten und schneller sind als du. Vertraue deiner eigenen inneren

Führung und deinem Tempo. Vergleiche dich nicht immer mit anderen und du wirst deinen Weg schon erfolgreich meistern.

Herzchakra

Dort sollte das Herz liegen. Das bedeutet, dass deine Selbstliebe und Liebe für andere, die ja das Herz repräsentiert, frei fließen kann und die Person an diesem Chakra gut gearbeitet hat, somit ist es ausgeglichen. Aber nicht immer ist dies der Fall und die anderen sechs Karten bekommen in diesem Chakra folgende Bedeutung:

Die Schlange – Ich bin ein armes Würstchen und gerate immer an die Falschen. – Mit diesem Selbstbild hast du es leider immer etwas schwerer als die anderen. Höre auf, dich mit anderen zu vergleichen und wisse, dass du einmalig bist und es verdient hast glücklich zu sein. Deine Gedanken bestimmen deine Taten und deine Taten werden Wirklichkeit. Handle also dementsprechend positiv.

Die Sonne – Zuckersüß zum Kotzen freundlich. – Du glaubst immer nett und freundlich sein zu müssen, um dadurch beliebt zu sein. Leider ist das auf Dauer sehr anstrengend und für dein Umfeld kaum auszuhalten. Wenn dir die ersten Bekannten klarmachen, dass sie deine aufgesetzte „Freundlichkeit“ nicht mehr ertragen, solltest du umdenken. Du solltest auch aussprechen was dir nicht passt und deine Meinung entgegensetzen. Nur so kannst du selbst ehrlich zu dir selbst sein und dich dadurch befreien.

Die Lilien – Sex für einen Euro. – Du bist sehr schnell zu haben.

Leicht zu kriegen ist kein Kompliment. Du bist sehr schnell verfügbar und lässt nichts anbrennen. Leider verbrennst du dadurch deine Seele und opferst dich selbst. Höre auf so wertlos über dich selbst zu denken und schenke nicht jedem, der dich bloß anlächelt, gleich dein Herz.

Sei es dir wert nicht mehr wertlos zu sein. Erkenne, dass du etwas Besonderes bist und einmalig.

Der Hund – Ich helfe dir auch, wenn ich leiden muss. Ich tue alles für dich, mein geliebter Freund. – Ja und, was bekommst du zurück? Nichts! Höre auf andere an die Spitze deines Lebens zu stellen und erkenne, dass du selbst die Nummer 1 in deinem Leben bist. Ohne deine Kraft kannst du auch keinem anderen helfen. Löse dich von diesen falschen Freunden und es wird dir bald wieder besser gehen.

Die Sterne – Spirituelle All-Liebe. Gott ist in allem und ich bin Gott. – NEIN, du bist ein Mensch, eine Seele, die menschliche Erfahrungen sammelt. Aber du bist auch im Hier und Jetzt um deine Lebensaufgabe zu leben. Konzentriere dich auf die schönen Seiten des Lebens und sieh, dass du als Mensch auch ganz tolle Fähigkeiten hast. Wir Menschen haben ein göttliches Geschenk, was sonst keiner hat, und das ist der freie Wille. Mache davon aktiv Gebrauch und alles wird wieder gut.

Das Kreuz – Selbstflüche aus früheren Leben. – Manchmal kann es sein, dass Gelübde oder Versprechen aus vergangenen Leben uns daran hindern glücklich unser jetziges Leben zu meistern. Löse dich von diesen Versprechen und besorge dir die CD „Karma Clearing“ von Doreen Virtue. Außerdem kann dir meine Übung 27: „Flüche auflösen“, helfen.

Halschakra

Dort sollte der Hund liegen. Das bedeutet, dass dein Kommunikations- und Sprachkanal (Mund, Zunge), die der Hund repräsentiert, frei fließen kann und die Person an diesem Chakra gut gearbeitet hat, somit ist es ausgeglichen. Aber nicht immer ist dies der Fall und die anderen sechs Karten bekommen in diesem Chakra folgende Bedeutung:

Die Schlange – Du belügst dich selbst! – Höre auf damit und stell dich deiner Wahrheit, auch wenn es schmerzt. In den Spiegel zu schauen tut manchmal weh, aber es ist sehr heilsam. Du hast alle Möglichkeiten bereits in dir. Sei ehrlich zu dir selbst und alles wird sich zum Besten wenden.

Die Sonne – Übermut tut selten gut! – Du redest zu viel und bist total auf dein EGO bezogen und nicht in deiner Mitte. Auch wenn du glaubst, alles zu können, wirst du letztendlich versagen! Da alles nur deinem EGO zuliebe dient. Erkenne deine göttliche Kraft, die mit allem verbunden ist. Alle sind gleich gut, genau wie du, nicht besser oder schlechter! Das wird dir helfen wieder auf dem Boden zu bleiben.

Die Lilien – Zweideutig ist eindeutig geiler, könnte deine Parole lauten. – Überprüfe mal deine zweideutigen Worte und sexuellen Anspielungen, die da aus deinem Mund kommen. Du solltest versuchen in deine innere Mitte zu kommen, zu meditieren und zu erkennen, dass deine überschüssige sexuelle Energie auch anders abgebaut werden kann, z. B. durch ein kreatives aktives Hobby bzw. tanzen, laufen, joggen.

Das Herz – Du hast Mitleid mit JEDEM und bist einfach zu gefühlvoll und nimmst Anteil an jedem Wehwehchen. – Das tut dir nicht gut! Versuche dich bitte zurückzuhalten und bei dir zu bleiben, dadurch hast du einen großen Vorteil, du kannst sehen, ob dein Gegenüber wirklich der Hilfe bedarf oder nicht. Hilf dir aber zuerst selbst und fang damit an, dich an erste Stelle in deinem Leben zu stellen.

Die Sterne – Alles ist spirituell, du sprichst über nichts anderes mehr! – Die Göttlichkeit hat dich überrollt und alles ist heilig. Unheilig wohl eher, was da aus deinem Mund kommt. Du bist so spirituell abgehoben, dass dir der Kontakt zur Realität fehlt. ERDUNG ist das Wichtigste und werde dir bewusst, dass jede Tätigkeit, egal welche hier auf ERDEN einen Sinn hat und zum großen Ganzen, was wir Leben nennen, beiträgt.

Das Kreuz – Die Wahrheit und nichts als die Wahrheit. – Manchmal kann es ein Segen, aber meist auch ein Fluch sein, immer und überall die Wahrheit zu sagen. „Du darfst nicht lügen", lautet ein Gebot, aber etwas schwindeln ist schon okay. Erkenne, dass du nicht immer und überall die Wahrheit sagen musst und auch ab und an mal diplomatisch sein darfst. Ist lügen okay, ja oder nein? Ich gebe dir ein eindeutiges Vielleicht.

Drittes Auge-Chakra

Dort sollten die Sterne liegen. Das bedeutet, dass deine spirituelle Kraft und Hellsicht, die ja das 3. Auge repräsentiert, frei fließen kann und die Person an diesem Chakra gut gearbeitet hat, somit ist es ausgeglichen.

Aber nicht immer ist dies der Fall und die anderen sechs Karten bekommen in diesem Chakra folgende Bedeutung:

Die Schlange – Alles falsche Heiler, alles gelogen, ich traue niemandem. – Du bist so enttäuscht worden, dass du alles und jeden misstraust, auch dir selbst. Dein Urteilsvermögen ist vergiftet durch deine Angst. Lass deine Ängste los und vertraue wieder mehr deiner inneren Führung. Eine Reise zu deinem unteren Lehrer mit dem Thema deine „Ängste auflösen" wäre sehr gut.

Die Sonne – Ich bin geboren um die Welt zu retten. Ich bin der große auserwählte Heiland auf den die Welt gewartet hat. Nur ich kann die Menschen und die Welt retten. GOTT hat mich auserwählt. – Von wegen! Das glaubst du nur in deinem sehr beweihräucherten Ego, das so groß ist, dass du dich selbst nicht mehr erkennen kannst. Du hast den spirituellen Größenwahn und denkst alles zu können. Letztendlich wirst du aber versagen und ganz tief fallen, auf den Boden der Tatsachen. Lass den Menschen ihren freien Willen, die Welt dreht sich auch ohne dich weiter. Akzeptiere, dass nur du für dich selbst sprichst und die Verantwortung für dich selbst tragen kannst, mehr nicht.

Die Lilien – Traumland ich bin dein. – Du lebst in einer Scheinwelt aus purem Wunschdenken. Deine Vorstellung manipuliert die Realität und du verdrängst alles, was dir unangenehm ist. Auch wenn es schön ist in deinem Regenbogenland so solltest du doch wieder auf den Boden der Tatsachen zurückkehren. Da du um jeden Preis Harmonie möchtest, siehst du gar nicht wie sehr du dir selbst damit schadest. Du wirst erst wieder zu Kräften kommen, wenn du im Hier und Jetzt dein Leben geregelt bekommst. Lass dir von Freunden helfen und geh auch wieder mal aus deiner Wohnung und erlebe wie schön das Leben sein kann.

Das Herz – Persönliches Mitgefühl, du bist nicht neutral. – Leider fehlt dir momentan der nötige Abstand. Du bist sehr parteiisch und nicht neutral. Versuche Abstand zu gewinnen und lass nicht immer alles so an dich heran. Das kann dir auf Dauer helfen wieder in deine innere Mitte zu kommen.

Der Hund – Du bist abhängig von den Aussagen und Wahrnehmungen anderer Menschen und Freunde. – Du fragst jeden anderen um Rat, aber dass du selbst die Wahrheit in dir trägst, siehst du nicht. Vertraue dir persönlich wieder mehr Macht zu und nimm dein Zepter der Macht endgültig wieder in Besitz. Es gibt dir die Möglichkeit wieder groß und stark zu werden.

Das Kreuz – Die Gabe wird dir zur Last und du hast Angst vor deinen eigenen Fähigkeiten. – Deine Vorahnungen machen dir Angst und du willst diese loswerden. Das kannst du so aber nicht. Was dir angeboren, das geht nimmer mehr verloren. Übe lieber wie du deine Begabungen besser einsetzen kannst. Das macht dich auf Dauer wieder gesund.

Kronenchakra

Dort sollte das Kreuz liegen, das bedeutet, dass deine göttliche seelische Kraft frei fließen kann. Das Kronenchakra ist immer ausgeglichen. Das Kronenchakra ist das erste Chakra, das direkt von der Quelle Kraft aufnimmt, deshalb nimmt es eine besondere Stellung ein. Die anderen sechs Karten bekommen in diesem Chakra folgende Bedeutung:

Die Schlange – Du trägst heilerische Fähigkeiten in dir.
Die Sonne – Du bist ein Sonnenschein.
Die Lilien – Du hast Kontakte zu Engeln und Verstorbenen.
Das Herz – Du bist ein sehr mitfühlender Mensch und hellfühlig.
Der Hund – Du bist ein guter Berater und Freund.
Das Kreuz – Du bist hergekommen um anderen zu helfen.

Deine spirituellen Begabungen erkennen

Nimm dafür aus einem Lenormanddeck die Karte 16 - **Die Sterne -** und lege zusätzlich noch vier weitere Karten drum herum. Dadurch kannst du erkennen, welche spirituellen Begabungen du in dir trägst. Wenn du möchtest, dass die Karte 16 „die Sterne“ auch dabei ist, ersetze die erste Karte in der Mitte durch die „Hauptpersonenkarte 28+29“ deines Geschlechtes entsprechend.

Die Frage nach den eigenen spirituellen Fähigkeiten ist eine der begehrtesten Fragen in meiner Praxis überhaupt. Ich habe anhand von meinem schamanischem Kartensystem folgende Zuordnungen für dich herausgefunden und diese als **„Aspekte“** bezeichnet weil es einfach verständlicher ist, einem Menschen in einer Beratung zu sagen: „Sie haben ja den **Astrologen-Aspekt“**, als wenn ich sage: „Bei Ihnen liegen die Sterne“. Folgendes Legesystem gibt Auskunft über deine spirituellen Fähigkeiten:

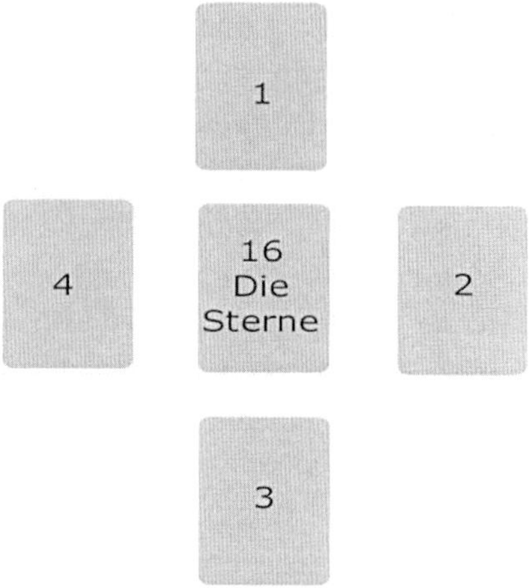

Die Sterne in Kombination mit den anderen **36** Lenormandkarten bedeuten:

Der Reiter (01): **Das ist der Channelmedium-Aspekt:**

Nachricht, schnelle Auffassungsgabe, kann sehr gut Nachrichten erhalten und weitergeben, Channeling, Nachrichten senden/guter Sender – Mentalkraft.

Der Klee (02): **Das ist der Motivationscoach-Aspekt:**

Freude verbreiten, ein fröhlicher, liebevoller und humorvoller Mensch.

Lach-Seminare „Lachen tut gut“, Glücksbote sein, Glück verbreiten, Motivationscoach, Menschenfreund, ein Heiler mit Humor oder Schamane mit Kojotenmedizin.

Das Schiff (03): **Das ist der Freiheitsdenker-Aspekt:**
Gefühlvolles Medium, Flexibilität, sehr offen für Neues, Freiheitsdenker, Kämpfer für die Freiheit und sich für andere einsetzen, Fremdsprachen schnell lernen, Auslandsaspekt, wird Geld verdienen durch Auslandstätigkeit.

Das Haus (04): **Das ist der Kinesiologen-Aspekt:**
Körperbewusstsein, Kinesiologen, Familientherapeuten, Paartherapeuten, Ernährungsexperten.

Der Baum (05): **Das ist der Wunderheiler-Aspekt:**
Geborene Heiler, Wunderheiler, Pfleger-Krankenschwester, Ärzte, Kraft durch Bäume.

Die Wolken (06): **Das ist der Rauchleser-Aspekt:**
Rauchleser, Orakeldeuter, Kristallkugelseher (einwölken), Räuchern von Heilkräutern und Pflanzen.

Die Schlange (07): **Das ist der Kartenleger-Aspekt.**
Kartenleger, Seher oder Seherin, Astrologie.

Der Sarg (08): **Das ist der Jenseits-Aspekt.**
Jenseitskontakte, Medium für Verstorbene.

Die Blumen (09): **Das ist der Heilpraktiker-Aspekt.**
Heiler, Homöopathische Medizin, Bachblüten, Kräuter.

Die Sense (10): **Das ist der Blitzdenker-Aspekt**
schnelle Auffassungsgabe, Blitzdenker, Lösungsfinder, Retter, alle Mental Techniken sind hier wunderbar

Die Ruten (11): **Das ist der Fitness-Aspekt.**
Sportliche Begeisterung, YOGA, Bewegungstherapeuten, Tanztherapie.

Die Vögel (12): **Das ist der Redner-Aspekt.**
Heilen durch Besprechen, geborener Redner, Kursleiter, Verkäufer.

Das Kind (13): **Das ist der Inneres Kind-Aspekt.**
Inneres Kind, Freude, Leichtigkeit, Unbefangenheit, natürlicher Zugang zu Spiritualität, Feen und Elfen, natürliche Begabung zum Hellsehen/Fühlen.

Der Fuchs (14): **Das ist der Sherlock Holms-Aspekt.**
Sich und andere tarnen, vor Falschheit bewahren, Wahrheitsfinder natürlicher Lügendetektor.

Der Bär (15): **Das ist der Schamanen-Aspekt.**
Der Schamane, große Kraft durch Verbindung mit der Natur.

***Die Sterne (16):* Das ist der Astrologen-Aspekt.**
Astrologen-Aspekt und auch Hellsehen.

***Die Störche (17):* Das ist der Erfinder-Aspekt.**
Neuzeitdenker, Erlöser der Menschheit, bringen Konzepte zum Verändern mit sich, große Wissenschaftler oder spirituelle sehr weit entwickelte Technologie.

***Der Hund (18):* Das ist der Tierkommunikations-Aspekt.**
Tierkommunikation, Hilfe durch Tiere, Heilen mit Tieren, Delfine, Pferde.

***Der Turm (19):* Das ist der Selbständigkeits-Aspekt.**
Der alte weise „Eremit“, großes Wissen im Verborgenen, Weisheit.

***Der Park (20):* Das ist der Redner-Aspekt.**
Der öffentliche Redner, Messeführer, Marktschreier, geschaffen für eine Menschenmenge, natürlicher Magnetismus, zieht Menschen an.

***Der Berg (21):* Das ist der Psychologen-Aspekt.**
Blockadenlöser, Psychologe, Therapeut.

***Die Wege (22):* Das ist der Berater-Aspekt.**
Wege finden, Berufs-Berater, Lösungssucher.

***Die Mäuse (23):* Das ist der Prinzessin auf der Erbse-Aspekt.**
Sehr feine sensible Menschen, spüren jede Kleinigkeit (Medium).

***Das Herz (24):* Das ist der Mutter Teresa-Aspekt.**
Vermittler, Menschenhelfer, Liebesdoktoren.

***Der Ring (25):* Das ist der Ordnungs-Aspekt.**
Sehr verlässlich, Ordnung und Struktur, langfristige Sicherheit.

***Das Buch (26):* Das ist der Autoren-Aspekt.**
Okkultes und geheimes Wissen, Buchautor.

***Der Brief (27):* Das ist der Journalisten-Aspekt**
Schreibmedium, Empfang von geistigen Botschaften.

***Der Herr (28):* Das ist der Männerflüsterer-Aspekt.**
Männliche Kraft und Spiritualität.

***Die Dame (29):* Das ist der Frauenflüsterer-Aspekt.**
Weibliche Kraft und Spiritualität.

***Die Lilien (30):* Das ist der Erika Berger-Aspekt.**
Tantra, Sexualtherapeut, Yoga, Kundalinikraft.

***Die Sonne (31):* Das ist der Seher-Aspekt.**
Seher oder Seherin.

Der Mond (32): **Das ist der Seelenforscher-Aspekt.**
Seelenforscher, Parapsychologen, außersinnliche Wahrnehmungen.

Der Schlüssel (33): **Das ist der Ernährungsberater- oder Detektiv-Aspekt.**
Rätsel lösen, erfolgreiche Geschäftsleute, Ernährungsexperten.

Die Fische (34): **Das ist der Empathie-Aspekt.**
Empathie, sehr starke Gefühle.

Der Anker (35): **Das ist der Stabilitäts-Aspekt.**
Materie erschaffen, Stabilität.

Das Kreuz (36): **Das ist der Erlöser-Aspekt.**
Erlöser, Vorhersehung, geborene Heiler.

Deine Schicksalszahl

Um zu erkennen welche Aufgabe du in diesem Leben hast:

Vom Geburtsdatum die Quersumme bilden, wenn größer als Neun nochmals Quersumme bis eine einstellige Zahl herauskommt.

Beispiel: 03. 10. 1977 = 0+3+1+0+1+9+7+7 = 28 = 2+8 = 10,

da größer als 9 Quersumme bilden 1+0= 1

Beispiel: Schicksalszahl ist die Nummer: **1**

Bedeutung der Zahlen

1 *Der Magier* – Führer, Selbständige, Lehrer
2 *Die Hohepriesterin* – Heiler, Pfleger, Heilpraktiker
3 *Die Kaiserin* – Mutter, Familie, Künstler
4 *Der Kaiser* – Beamte, Bankleute, Aktien, Manager
5 *Der Hohepriester* – Gelehrte , Pädagogen, Redner
6 *Die Liebenden* – Fürsorge, Vermittler, Heiler
7 *Der Wagen* – Reiseführer, Geologen, Architekten
8 *Die Kraft* – Sportler, Ernährungsberater
9 *Der Eremit* – Spirituelle Berater, Psychologen

Für eine tiefere Deutung lies bitte im Internet die Bedeutung der einzelnen Tarotkarten im Bezug als Schicksalszahl durch.

Astrologische Zuordnungen der Lenormandkarten

Diese Zuordnungen gibt es zwar schon öfters, ich halte es aber für wichtig diese der Vollständigkeit wegen zu erwähnen:

Die Lenormandkarten und Planeten

Karte	Planet
Reiter	Merkur – Kommunikation
Baum	Saturn – Ordnung, Karma
Wolken	Neptun – wahre Gefühle
Sarg	Pluto – Eigenwilligkeit
Blumen	Jupiter – Finanzen
Vögel	Uranus – Soziale Fähigkeiten
Herr	Mars – Kraft Energie
Dame	Venus – Liebe, Harmonie
Sonne	Sonne – Wohlstand, Reichtum
Mond	Mond – Heilung, Spiritualität
Kreuz	Lilith (Der Schwarze Mond) – Verborgene Kräfte

Die Lenormandkarten und Sternzeichen

Karte	Sternzeichen
Klee	Schütze
Schlange	Krebs
Kind	Löwe
Fuchs	Skorpion
Hund	Wassermann
Berg	Widder
Weg	Waage
Mäuse	Jungfrau
Buch	Fische
Brief	Zwillinge
Schlüssel	Stier
Anker	Steinbock

Schamanische Hausapotheke – Vitalitäts-Legung mit den Lenormandkarten

Schamanen sind Profis der Energiegewinnung und können fehlende Energien ersetzen oder zu viel Energie entfernen. Das macht sie zu Multitalenten was die Gesundheit betrifft. Das bedeutet jedoch nicht, dass jeder Schamane ein Wunderheiler ist. Jeder trägt seinen eigenen Wunderheiler bereits in sich. Mit Hilfe der Symbolsprache kommunizieren wir mit unserem Unterbewusstsein und können es dadurch beeinflussen. Dem Gehirn ist es nämlich vollkommen egal, ob wir es uns nur einbilden gesund zu sein oder ob es wirklich so ist. Deshalb funktioniert das Gesetz der Anziehung bei körperlichen Themen auch so gut. Ein vereinfachtes Beispiel: Bist du traurig, fällt es dir schwer zu lachen, aber genau darin liegt die Lösung. Glückshormone fressen Traurigkeit und Angst auf, wenn sie für mindesten 60 Sekunden aktiviert werden. Du könntest dich also innerhalb von 60 Sekunden besser fühlen, wenn du dich trauen würdest für mindestens 60 Sekunden zu lachen oder zumindest die Mundwinkel nach oben zu verziehen. Diese Methode habe ich bei Vera F. Birkenbihl in einem Livevortrag gesehen und war absolut begeistert. So einfach kann es sein. Bei meiner Vitalitäts-Legung geht es genau darum: Mit dem Gesetz der Resonanz per du zu sein und durch einfache Lösungen wieder Leichtigkeit zu erfahren. Ich habe bewusst die Lösungen in Stichworten geschrieben, damit du mehr Freiheiten für dich hast. Du selbst bestimmst nämlich was dir gut tut. **Du kannst zu jedem Punkt eine schamanische Reise machen und dein Krafttier fragen, was dich noch zusätzlich unterstützen kann und was dein Körper braucht, um wieder ganzheitlich gesund zu werden.**

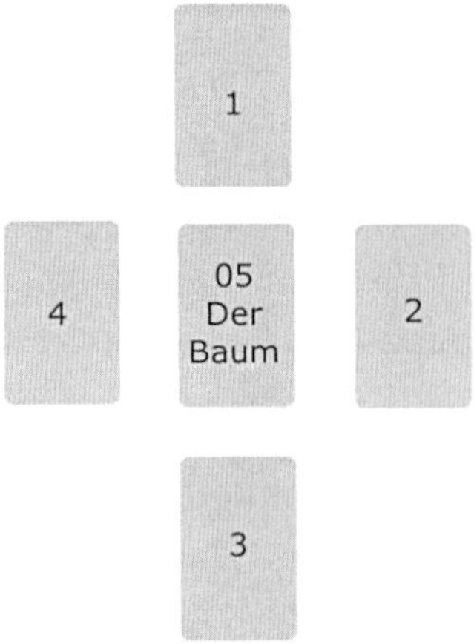

Nimm dafür aus einem Lenormanddeck die Karte 5 **Der Baum** und lege zusätzlich noch vier weitere Karten drum herum. Folgendes Legesystem gibt Auskunft über deine gesundheitlichen Pluspunkte:

Wenn du möchtest, dass die Karte 05 „der Baum“ auch dabei ist, ersetze die erste Karte in der Mitte durch die „Hauptpersonenkarte 28+29“ deines Geschlechtes entsprechend.

01 Der Reiter
Knie und Fortbewegungsbereich, Bewegungsapparat.
Lösung → Weggehen, tanzen, bewegen, kreativ sein, dem Erstarrungsmuster entkommen, Flüssigkeit trinken, Kinesiologie.

02 Der Klee
Gesundheitlich alles bestens, schnelle Genesung, ca. 1-4 Wochen, je Kleeblatt eine Woche.
Lösung → Lachen, glücklich sein. Dein Weg zum Glück!

03 Das Schiff
Leber Galle, Blase, Wasserhaushalt, Pankreasdrüse (Diabetes) Gleichgewichtssinn, Schwindel.
Lösung → Liebe für sich selbst spüren, Seelenbild malen, ein Entspannungsbad, Schwimmen, Flüssigkeit trinken, Geborgenheit wie im Bauch der Mutter, Familienstellen für einzelne Organe und Familienmitglieder.

04 Das Haus
Der ganze Körper, das allgemeine Wohlbefinden.
Lösung → Körperbewusstsein, die eigene Annahme des Körpers, Selbstliebe, Selbstachtung, Erinnerung an schöne Erlebnisse ... was tat dir gut? Was möchtest du mit deinem Körper erreichen? Körpersprache, körperliche Bewegung, Energie-Symbole auf den Körper malen, schöne Kleidung, ein neuer Haarschnitt, Wellness-Behandlung.

05 Der Baum
Gesundheit im Allgemeinen, Atemluft.
Lösung → Ganzheitliche Behandlungsmethoden, Reiki, Quanten-Heilung, Schamanismus, Engelarbeit, Natur, die Kraft der Bäume, Sauerstoffzufuhr durch Spaziergänge.

06 Die Wolken
Lungen, Asthma, Brustbereich.
Lösung → Atemübungen, Einatmen, goldenes oder weißes Licht, Ausatmen, alle Hindernisse, Meditationen, frische Luft, Düfte und Gerüche.

07 Die Schlange
Darm, Dickdarm, Nabelschnur
Lösung → Familienaufstellung, Thema: Mutter-Kind, Schamanische Reise ins Immunsystem, Heilung des inneren Kindes durch schamanische Reise zum inneren Kind.

08 Der Sarg
Krankheit, Depressionen.
Lösung → Sonne, Licht, Unternehmungen in der Gruppe.

09 Die Blumen
Blütenallergie, das Medikament oder Heilmittel, Gewächse, Tumore.
Lösung → Heilpraktiker oder Globuli mit der Gegenschwingung, Kinesiologie, Schamanismus, ätherische Duftölmischung.

10 Die Sense
Zähne, Unfallgefahr, Operationen.
Lösung → Urvertrauen, Lichtessenz „El Morya“, Heilstein Fluorit.

11 Die Ruten
Sehen, Muskulatur, Kreuzbein.
Lösung → Kalziumzufuhr, Bewegung.

12 Die Vögel
Nerven, Schlafstörungen, Stress.
Lösung → Baldrian, Lavendel, Johanniskraut.

13 Das Kind
Wachstum, Kinderkrankheiten, Pubertät.
Lösung → Farbtherapie, Globuli.

14 Der Fuchs
Nase und Ohren, eventuell falsche Behandlung, eingebildete Krankheit
Lösung → Inhalieren, Dampfbad, Aromabäder, Tees, Räuchern: Thymian, Salbei.

15 Der Bär
Altersbeschwerden, Haare, Schwerfälligkeit.
Lösung → Hopfen-Eigelb, Kamillentee, Kinesiologie.

16 Die Sterne
Haut, Immunsystem, Drogen.
Lösung → Aventurin, Farbe: Grün, Blau, systematische Aufstellung, schamanische Reise ins Immunsystem.

17 Die Störche
Beine, Bewegungseinschränkung beim Laufen, Krankheit „zieht weg“.
Lösung → Fußbad Fichtennadel, Lavendel, Farbe: Gelb-Gold.

18 Der Hund
Hals, Zunge, Stimmbänder, Stimme, Bandung, erfolgreich.
Lösung → Salbei, Thymian, Salzpastillen.

19 Der Turm
Wirbelsäule, Rücken.
Lösung → Rücken-Yoga, Ahnen-Pakete übergeben in Aufstellung, Verantwortung abgeben.

20 Der Park
Umwelteinflüsse, Behinderungen, Kur.
Lösung → Schutzamulett, Meersalz, Umweltengel rufen.

21 Der Berg
Kopf, Schädel, Knochen, Verkalkung.
Lösung → Heilsteinmischung, Bergkristall-Magnesit, schamanische Mentaltechniken anwenden.

22 Die Wege
Adern, Lymphwege, Blutkreislauf.
Lösung → Kräutertees, Flüssigkeit, Schüssler-Salze, Entgiftung.

23 Die Mäuse
Magen, Verdauung.
Lösung → EM (Essentielle Mikroorganismen), Reiki, Wärmflasche, Stressabbau, Entspannung.

24 Das Herz
Herz, Blut.
Lösung → Rosenöl, Weißdorn, Herzchakra reinigen, Hämatit und Rosenquarz.

25 Der Ring
Alle chronischen Leiden, Kreislauf.
Lösung → Sugelith, Heilungsengel, Reise ins Immunsystem.

26 Das Buch
Beschwerden für die man keine Ursachen findet, Psychosomatisch.
Lösung → Schamanische Reise, Mutter oder Vater genau anschauen.

27 Der Brief
Hände, Arztzeugnis, vorübergehend nicht von Dauer.
Lösung → Hautcreme, Ringelblumen, Lavendel, grüner Aventurin.

28 Der Herr
Männliche Geschlechtsorgane, männliche Hormone ++ --
Lösung → Duftöl: Sandelholz, Patchouli, Christus.

Fragen: Darfst du Mann sein? Möchtest du Mann sein? Wie lebst du deine Männlichkeit? Vaterthema? Götterrituale – Odin.

29 Die Dame
Weibliche Geschlechtsorgane, weibliche Hormone ++ --
Lösung → Duftöl: Jasmine, Rose, Maria, Fragen: Darfst du Frau sein? Möchtest du Frau sein? Wie lebst du deine Weiblichkeit? Mutter? Göttinnen-Rituale, Kuschelgöttin.

30 Die Lilien
Geschlechtsorgane, Unterleib, Hormone.
Lösung → Überfunktion des Sexualchakra kontrollieren – Ausgleichen über Herzzentrum, Sexualität in der Familie, wie wurde damit umgegangen? War es erlaubt oder war es heimlich?

31 Die Sonne
Augen, Augenlicht, Energie.
Lösung → Augenwasser auf Lavendelbasis oder NACL (Kochsalzlösung), Gefühle und Eigenverantwortung – Frage: Was willst oder kannst du nicht sehen, was macht dich blind? Gibt es Erinnerungslücken, blinde Flecken? (Thema: Kindheit meist zwischen 4-7 Lebensjahr).

32 Der Mond
Seele, Unbewusstes, weiblicher Zyklus, Gehirn.
Lösung → Spirituelle Arbeit, (Intuition schulen, Feinfühligkeit stärken, wenn möglich Grenzen ziehen zwischen dem Gegenüber und dir (Erzengel Michael rufen), Kinesiologie-Übungen – Überkreuz.

33 Der Schlüssel
Schlüsselbein, Vitamine, Spurenelemente, Eisen.
Lösung → Ernährung umstellen, Gemüse, Obst, bewusst essen, Essen segnen, sich Zeit nehmen fürs essen und für sich selbst.

34 Die Fische
Wasserhaushalt, Niere, Blase, Leber.
Lösung → Entgiftung, Flüssigkeitszufuhr mindestens 2 ½ -3 Liter täglich (aufpassen bei Herzerkrankungen da nicht! nur 1- 1 ½ Liter), Früchte- und Kräutertees, Heilsteinwasser (Aventurin, Bergkristall und gelber Citrin).

35 Der Anker
Hüfte, Becken, Gleichgewichtsstörungen.
Lösung → Körperliches Training, Rückenschule, Beckenboden-Yoga, Meditationen, Gleichgewicht im Leben finden, Aroma-Öle, Heilsteine.

36 Das Kreuz
Wirbelsäule, 5. + 6. Lendenwirbel, Bandscheiben, Arme.
Lösung → Rückenschule, Yoga, Kräuterwärmekissen.

Wunscherfüllung mit den Lenormandkarten

In diesem Teil meines Buches möchte ich mich ganz besonders meinen Lieblingskarten, den französischen Lenormandkarten widmen. Natürlich gibt es schon etliche Bücher über diese Karten, aber als Besonderheit möchte ich dir mitteilen, dass du mit den Lenormandkarten nicht nur wahrsagen, sondern dir auch Wünsche erfüllen kannst. Eine schon fast in Vergessenheit geratene Variante ist der Wunschzauber mit Karten, klassisch wurden Tarotkarten oder Spielkarten verwendet.

Benutzerhinweis:

Die einfachste und schnellste Art Wunschzauber zu wirken ist**, damit zu arbeiten** und es einfach auszuprobieren. Damit dies auch richtig funktioniert, hier einige Hinweise:

Hier die Grundlagen für ein erfolgreiches Wunschritual, egal nach welcher schamanischen Tradition:

1. Zielsetzung: Ohne ein klares, positives, nicht egoistisches Ziel verkümmert selbst ein mächtiges Heilungs- oder Wunsch-Ritual. Das magische Ritual nimmt alles (jeden Gedanken, jedes Gefühl) wie ein Trichter auf feinstofflicher Ebene auf, setzt es um und sendet diese Energie in das Universum. Mit solchen Kräften sollte man nicht spaßen, sondern mit der nötigen Ernsthaftigkeit und Disziplin zur Tat schreiten.

2. Dankbarkeit: Wer mit vielen Ritualen arbeitet und das wirst du sehr wahrscheinlich tun, wenn du erst mal gemerkt hast was sich dir hier für Möglichkeiten bieten, sollte öfters auch Rituale ohne egoistische Zwecke zelebrieren. Dann nämlich werden deine anderen Rituale zur Lösung von persönlichen Problemen und Fragen schneller wirksam sein. Warum? Ganz einfach: das Gesetz der Resonanz und die Erinnerungskraft des Universums.

3. Wiederholung: Wer mit seinen Ritualen Erfolg haben möchte sollte diese öfters wiederholen. Eine theoretische Anleitung wird nur durch häufiges Wiederholen zum wirklich wirksamen Ritual. Bei einem schamanischem Ritual gibt es, im Gegensatz zu den meisten Glauben, viele Freiheiten. Das betrifft vor allem die Zaubersprüche, die ganz individuell abgeändert werden können, aber hast du einmal deinen richtigen Spruch gefunden, dann solltest du ihn auch beibehalten und nicht wieder verändern. Nur dadurch wird dessen Magie verstärkt und kann in deinem Ritual freigesetzt werden.

4. Trance: Der Trance-Zustand, die sogenannte Alphaphase, ist unumgänglich um dir Zutritt in die feinstoffliche Welt zu verschaffen. Nur wenn du mit der Anderswelt verbunden bist wirken die Kräfte und deine Magie. Als Hilfsmittel kannst du Trommeln und Rasseln benutzen oder eine schamanische Trommel-CD laufen lassen. Der Rhythmus von ca. 4-7 Schlägen pro Sekunde sollte eingehalten werden, denn nur dann können wir den Trance-Zustand auf Dauer aufrecht halten.

5. Positive Verstärkung durch Gedanken: Unsere Gedanken sind nicht frei! Wer ernsthaft schamanische Rituale praktiziert wird sehr schnell merken, dass seine Gedanken einen sehr großen Einfluss auf seine Rituale haben. Gerade Schamanen sind Profis der Gedankenerschaffung und sollten peinlichst genau drauf achten, was sie denken. Denn allzu schnell manifestiert sich das herbei gewünschte Ergebnis in die falsche Richtung und wir bekommen genau das Gegenteil! **Jetzt bloß nicht an einen rosa Elefanten denken!** Und was siehst du? Genau darum geht es. Magie folgt immer den Gedanken und diese sollten mit viel Übung positiv und kraftvoll sein um dein Endergebnis herbeizuziehen. Natürlich kannst du deine Gedanken mit Hilfe von magischen Produkten wie Öle, Kerzen, Kräuter und Räucherungen auf dein Endziel hin programmieren, aber sie können dir nicht deine Arbeit vollkommen abnehmen, sie können unterstützen und Energie freisetzen.

6. Gesetz der Resonanz beachten: Du bekommst was du säst oder anders ausgedrückt: Wer klein denkt bekommt auch kleine Ergebnisse. Nur ein bisschen Magie funktioniert nicht oder besser gesagt gar nicht! Alles steht in Resonanz, willst du Geld denke dich reich, handle als hättest du das Geld bereits! Deine Vorstellungskraft ist kostenlos, du musst sie nur benutzen. Wenn du aber schon damit Probleme hast, dich reich zu denken, solltest du zuerst daran arbeiten deine Blockaden aufzulösen. So ist das Gesetzt der Resonanz. Das übrigens nicht zwischen Gut und Böse unterscheidet. Du bekommst nur etwas wenn es auch in Resonanz mit dir steht. Auch wenn es auf den ersten Blick vielleicht nicht so aussieht.

7. Persönliche Note geben: Jeder hat seine eigene Magie, seinen eigenen Geschmack, genau wie seinen eigenen Fingerabdruck. **Das Universum reagiert auf dich.** Deshalb solltest du auch drauf achten deine Rituale mit einer persönlichen Note zu versehen. Ich persönlich liebe die Farbe Lila und habe auf meinem Altar einen kleinen Amethyst, den ich mit „High John"-Öl eingerieben habe und immer dabei habe. Dieser Stein gibt mir Kraft und passt in jede Hosentasche. Hast du nicht auch etwas das dir gefällt und du mit magischer Kraft aufladen möchtest? Du darfst und sollst sogar deine persönliche Note bei deinen Ritualen mit einfließen lassen, nur so werden sie zu dir und authentisch.

8. Verstand beseitigen: Der Verstand wird auch als Ego bezeichnet und kann sich beileibe nicht vorstellen, dass es außerhalb seiner rationellen Reichweite noch etwas anderes gibt. Schlimmer noch, er denkt Magie muss schwer und umständlich sein und kaum erreichbar. Dieser Teil von dir hat einfach vergessen, dass die Magie ein Teil von dir ist. Deshalb kann dein Verstand dir bei deinen Ritualen auch nicht helfen. Zum Glück hast du ja noch dein inneres Kind und dein höheres Selbst. Diese beiden Anteile reagieren auf das Göttliche und können es erkennen und mit dir zusammen in die gewünschte Laufbahn lenken. **Dein inneres Kind zaubert schon immer, es ist Magie!** und hat jede Menge Helfer wie Krafttiere, Engel oder Schutzgeister, die es umgeben. Für dein inneres Kind ist es vollkommen normal zu „zaubern", auch Zaubersprüche kann es spielend leicht erfinden. Der erwachsene Teil deines inneren Kindes ist dein höheres Selbst. Es kennt deine Seelenbestimmung und deine Lebensaufgabe. **Deshalb kann es sein, dass einige deiner Rituale und Wünsche nicht in Erfüllung gehen, weil es nicht Teil deiner Lebensaufgabe ist.** Deshalb solltest du vor jedem Ritual immer zuerst dein höheres Selbst befragen. Vor allem wenn du für andere etwas tun möchtest.

9. Loslassen, Vertrauen: Der wohl schwierigste Teil für die meisten, muss es aber nicht. Genau wie beim Bestellen in einem Versandhaus habe ich meine kosmische Bestellung aufgegeben und warte einfach bis ich sie geliefert bekomme. So einfach kann es sein. **Vertrauen kannst du nur erlangen, wenn du dir selber vertraust und dir etwas zutraust**. Wer sonst, außer dir, hat eben dieses Ritual vollzogen?

Du hast eben die neuen Stufen der schamanischen Magie kennen gelernt. Die Welt der Magie ist heutzutage lebendiger als je zuvor. Es gibt weltweit viele magische Traditionen: die Indianische/schamanische die auch in Europa immer mehr zunimmt, die Afrikanische, Protestantische,

Asiatische, Osteuropäische, Indische und Angelsächsische Tradition und mehr. **Aber Vorsicht, nicht jeder kann so einfach loszaubern und magisch arbeiten.** Magische Praktiken, die einem schaden sollen und aus bloßem Hass oder Neid geführt sind, werden nicht unterstützt, der Besen klemmt. Ich bin kein Moralapostel, aber ich gebe nur Praktiken und Rezepte weiter, die zum Wohle aller dienen und nicht schaden sollen. Natürlich entscheidet das letztendlich jeder für sich selbst.

Die Lenormandkarten und wofür die einzelnen Bereiche stehen:

Einzelbedeutung: Hier findest du Einsatztipps für dein Ritual.

Eigenschaft: Hier findest du eine kurze Bedeutung für dein Ritual.

Gesundheit: Bedeutung für Gesundheitszauber.

Zeit: Zeitangaben wann dein Wunsch am besten Planeten bedingt wirkt. Angaben in der Sommerzeit, in der Winterzeit einfach eine Stunde dazurechnen.

Magische Wirkung: Für welchen magischen Zweck die Karte eingesetzt werden kann.

Zubehör: Welches Arbeitsmaterial benötigt wird.

Bester Zeitpunkt: Zeitangaben wann dein Wunsch am besten wirken kann.

Zauberspruch: Der Spruch der deine Magie aktiviert.

Magisches Öl*[1]: Das passende magische oder ätherische Öl wird zusätzlich in eine Aroma-Lampe gegeben oder eine passend farbliche Kerze (siehe Kerzenfarben) damit eingerieben und komplett abgebrannt.

Rituale – MEIN TIPP: Um alle schamanischen Rituale zu verstärken kannst du den Zauberspruch und deinen genauen Wunsch mit Doves Blood Tinte oder einem roten Stift auf ein Stück Papier niederschreiben. Hebe den Zettel sechs Tage lang auf und verbrenne ihn am Abend des siebten Tages an einer Kerze oder einem Teelicht. Wenn du magst kannst du noch einige Tropfen *Lavendel-Öl* auf die vier Ecken verteilen, das verstärkt die Wirkung.

---

[1] Magische Öle und sind spezielle Duftmischungen AnnaRiva™ Öle sind die bekanntesten magischen Öle auf dem Esoterikmarkt. Doves Blood ist magische Taubenblut Tinte aus rein pflanzlichen Zutaten.

01 DER REITER

Einzelbedeutung: Eine Nachricht senden (telepathisch) neue Chancen, ein Angebot, Herzensmann anziehen.

Eigenschaft: Aktiv, sportlich.

Gesundheit: Knie.

Zeit: Bald, zügig.

Magische Wirkung: Liebhaber heranziehen, Herzensmann.

Zubehör: Die Lenormandkarte „Der Reiter“.

Bester Zeitpunkt: Fr., So., mittags 14-15 Uhr oder abends 20-21 Uhr. Zunehmender Mond.

Zauberspruch: „Liebhaber komm zu mir herbei, ich bitte um: Wunschziel so soll es sein, innerhalb von einer Mondphase wird es mir gewährt.“

Magisches Öl: Mische Come to Me +Love Me, oder Rose, Zimtöl.

Das Ritual: Lege die Lenormandkarte unter dein Kopfkissen oder stelle sie in deinem Zimmer gut sichtbar für dich auf. Nimm sie in die Hand und lade sie mit deiner Energie auf, sprich den Zauberspruch 3 x und lasse dann los. Du kannst dies 7 Tage hintereinander folgend tun.

Deine Erfahrungen mit dem Ritual:

1. Tag: ______________________________

2. Tag: ______________________________

3. Tag: ______________________________

4. Tag: ______________________________

5. Tag: ______________________________

6. Tag: ______________________________

7. Tag: ______________________________

02 DER KLEE

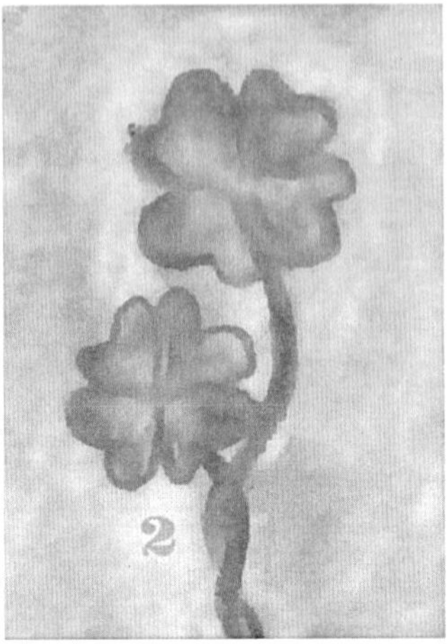

Bedeutung: Das kleine Glück, positiv, Hoffnung.

Eigenschaft: Heiter, glücklich sein, positive Einstellung.

Gesundheit: Allgemein gut.

Zeit: in Kürze, bis zu einer Woche.

Magische Wirkung: Glücksspiele, Lotto, Glück heranziehen.

Zubehör: Die Lenormandkarte „Der Klee".

Bester Zeitpunkt: Mi., Do., So., mittags, 14-15 Uhr oder 20-21 Uhr. Zunehmender Mond.

Zauberspruch: „Glück komm zu mir herbei, ich bitte um Wunschziel so soll es sein, innerhalb von einer Mondphase wird es mir gewährt."

Magisches Öl: Lucky Hand, Lottery, Orange, Zitrone.

Das Ritual: Lege die Lenormandkarte unter dein Kopfkissen oder stelle sie in deinem Zimmer gut sichtbar für dich auf. Nimm sie in die Hand und lade sie mit deiner Energie auf, sprich den Zauberspruch 3 x und lasse dann los. Du kannst dies 7 Tage hintereinander folgend tun.

Deine Erfahrungen mit dem Ritual:

1. Tag: ______________________________

2. Tag: ______________________________

3. Tag: ______________________________

4. Tag: ______________________________

5. Tag: ______________________________

6. Tag: ______________________________

7. Tag: ______________________________

03 DAS SCHIFF

Bedeutung: Eine Reise, Urlaub, etwas kommt in Bewegung, Sehnsucht.

Eigenschaft: Unterwegs sein, dahinplätschern lassen.

Gesundheit: Leber, Galle.

Magische Wirkung: Schutz auf Reisen.

Zubehör: Die Lenormandkarte „Das Schiff".

Bester Zeitpunkt: Jeder Wochentag gut, Uhrzeit egal. Zunehmender Mond.

Zauberspruch: „Schutz soll Name bekommen und haben, durch meinen Zauberspruch verstärke ich die himmlischen Gaben."

Magisches Öl: Protection, Salbei, St. Michael.

Das Ritual: Lege die Lenormandkarte unter dein Kopfkissen oder stelle sie in deinem Zimmer gut sichtbar für dich auf. Nimm sie in die Hand und lade sie mit deiner Energie auf, sprich den Zauberspruch 3x und Lasse dann los. Du kannst dies 7 Tage hintereinander folgend tun.

Deine Erfahrungen mit dem Ritual:

1. Tag: ____

2. Tag: ____

3. Tag: ____

4. Tag: ____

5. Tag: ____

6. Tag: ____

7. Tag: ____

04 DAS HAUS

Bedeutung: Haus, Wohnung, Immobilie.

Eigenschaft: Zuverlässig, vertrauensvoll.

Gesundheit: Geistiger und physischer Körper.

Magische Wirkung: Hausverkauf, Schutz für das Haus.

Zubehör: Die Lenormandkarte „Das Haus“.

Bester Zeitpunkt: Mi., Do., So., mittags, 14-15 Uhr oder 20-21 Uhr. Zunehmender Mond.

Zauberspruch 1: „Heiliger Joseph (oder universelle Kraft) ich flehe dich an lass dieses Haus für finanzielle Beträge einsetzen, verkaufen.“

Zauberspruch 2: „Schutz bekomme dieses Haus und hält alles Böse raus.“

Magisches Öl: St. Joseph, St. Michael, Lavendel, Salbei.

Das Ritual: Lege die Lenormandkarte unter dein Kopfkissen oder stelle sie in deinem Zimmer gut sichtbar für dich auf. Nimm sie in die Hand und lade sie mit deiner Energie auf, sprich den Zauberspruch 3 x und lasse dann los. Du kannst dies 7 Tage hintereinander folgend tun.

Deine Erfahrungen mit dem Ritual:

1. Tag: ______________________________

2. Tag: ______________________________

3. Tag: ______________________________

4. Tag: ______________________________

5. Tag: ______________________________

6. Tag: ______________________________

7. Tag: ______________________________

05 DER BAUM

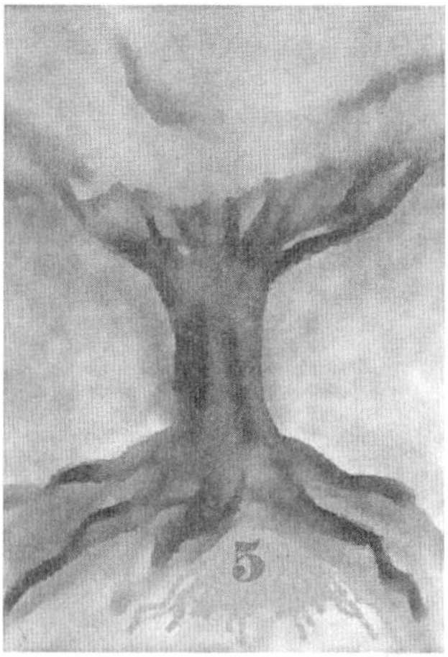

Bedeutung: Die Gesundheit, das Leben, Ruhe, Bodenständigkeit, Geduld, Trägheit.

Eigenschaft: Beständig, ruhig, mit beiden Beinen fest im Leben stehend.

Zeit: 9-12 Monate.

Magische Wirkung: Gesundheit stärken, Heilzauber.

Zubehör: Die Lenormandkarte „Der Baum".

Bester Zeitpunkt: Mo., So., Fr., mittags, 14-15 Uhr oder 20-21 Uhr. Zunehmender Mond.

Zauberspruch: „Gesund sollst du werden, gesund sollst du bleiben. Lass deinen Körper die Beschwerden vertreiben. Dunkelheit schwinde, Licht tritt herein. Körper, Seele, Geist werden bald wieder genesen sein."

Magisches Öl: Healing, Weihrauch, Eukalyptus.

Das Ritual: Lege die Lenormandkarte unter dein Kopfkissen oder stelle sie in deinem Zimmer gut sichtbar für dich auf. Nimm sie in die Hand und lade sie mit deiner Energie auf, sprich den Zauberspruch 3 x und lasse dann los. Du kannst dies 7 Tage hintereinander folgend tun

Deine Erfahrungen mit dem Ritual:

1. Tag: ______________________________

2. Tag: ______________________________

3. Tag: ______________________________

4. Tag: ______________________________

5. Tag: ______________________________

6. Tag: ______________________________

7. Tag: ______________________________

06 DIE WOLKEN

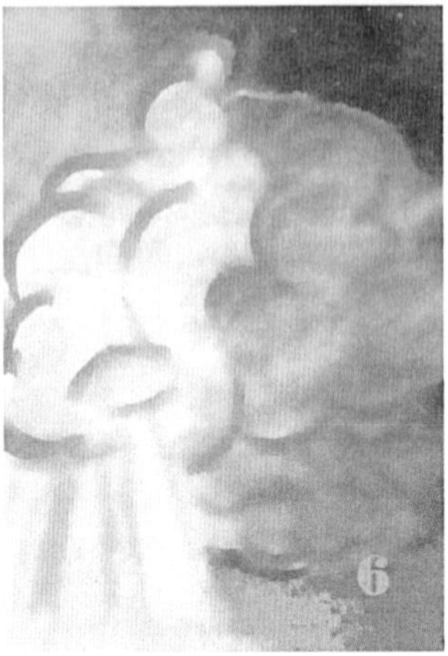

Bedeutung: Unklarheiten, etwas ist unklar.

Eigenschaft: Unentschlossen, unzuverlässig, unausgeglichen.

Gesundheit: Die Psyche, die Lunge, Atemwege.

Zeit: Herbst.

Magische Wirkung: Hindernisse überwinden, Pech überwinden.

Zubehör: Die Lenormandkarte „Die Wolken".

Bester Zeitpunkt: Sa., Di., So., mittags, 14-15 Uhr oder 20-21 Uhr. Abnehmender Mond.

Zauberspruch: „Hindernisse und Pechsträhnen müssen weichen, Unglück kann mich nicht mehr erreichen. Ich erfreue mich an meinem Glück, denn mein Leid kehrt nimmermehr zurück."

Magisches Öl: Reversible, Wall Breaker, Angelikawurzel.

Das Ritual: Lege die Lenormandkarte unter dein Kopfkissen oder stelle sie in deinem Zimmer gut sichtbar für dich auf. Nimm sie in die Hand und lade sie mit deiner Energie auf, sprich den Zauberspruch 3 x und lasse dann los. Du kannst dies 7 Tage hintereinander folgend tun.

Deine Erfahrungen mit dem Ritual:

1. Tag: ______________________________

2. Tag: ______________________________

3. Tag: ______________________________

4. Tag: ______________________________

5. Tag: ______________________________

6. Tag: ______________________________

7. Tag: ______________________________

07 DIE SCHLANGE

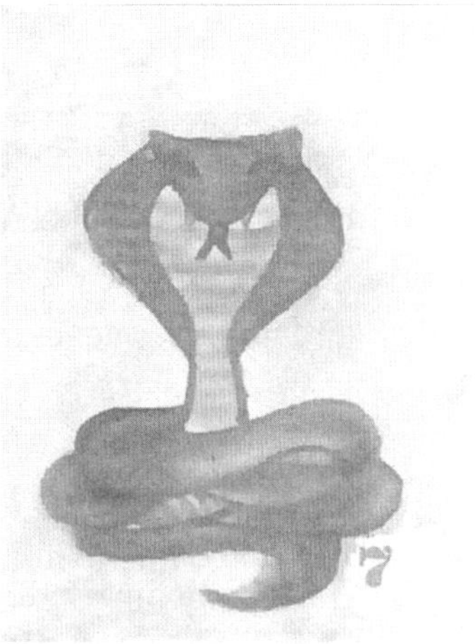

Bedeutung: Umwege, Verwicklungen, Komplikationen, kurvenreiche Strecke.

Eigenschaft: intelligent und gerissen.

Gesundheit: Darm.

Magische Wirkung: Neider beseitigen.

Zubehör: Die Lenormandkarte „Die Schlange“.

Bester Zeitpunkt: Di., Sa., mittags, 14-15 Uhr, oder 20-21 Uhr. Abnehmender Mond.

Zauberspruch: „Neid und Schlechtigkeit erkenne ich sofort, alle Personen werden sich verraten sofort. Ich sende Licht und Klarheit im Dienste der reinen Wahrheit.“

Magisches Öl: Voodoo, Black Cat, Dragons Blood, Salbei.

Das Ritual: Lege die Lenormandkarte unter dein Kopfkissen oder stelle sie in deinem Zimmer gut sichtbar für dich auf. Nimm sie in die Hand und lade sie mit deiner Energie auf, sprich den Zauberspruch 3 x und lasse dann los. Du kannst dies 7 Tage hintereinander folgend tun.

Deine Erfahrungen mit dem Ritual:

1. Tag: ______________________________

2. Tag: ______________________________

3. Tag: ______________________________

4. Tag: ______________________________

5. Tag: ______________________________

6. Tag: ______________________________

7. Tag: ______________________________

08 DER SARG

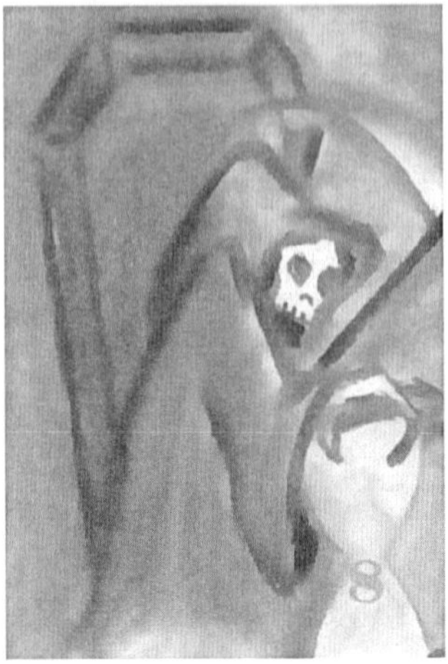

Bedeutung: Leid, Trennung, Auflösung.

Eigenschaft: Unwohl fühlend, traurig.

Gesundheit: Krankheit beenden.

Magische Wirkung: Leid beenden.

Zubehör: Die Lenormandkarte „Der Sarg“.

Bester Zeitpunkt: Mo., Di., Mi., Fr., So., mittags, 14-15 Uhr oder 20-21 Uhr. Zunehmender Mond.

Zauberspruch: „Ich nehme fort das Leid, nehme fort den Schmerz. Ich kann nun leben ohne Angst, ich bin frei! Ihr himmlischen Kräfte so es sei.“

Magisches Öl: Guardian Angel, Health Drawing, Eukalyptus.

Das Ritual: Lege die Lenormandkarte unter dein Kopfkissen oder stelle sie in deinem Zimmer gut sichtbar für dich auf. Nimm sie in die Hand und lade sie mit deiner Energie auf, sprich den Zauberspruch 3 x und lasse dann los. Du kannst dies 7 Tage hintereinander folgend tun.

Deine Erfahrungen mit dem Ritual:

1. Tag: ____________________

2. Tag: ____________________

3. Tag: ____________________

4. Tag: ____________________

5. Tag: ____________________

6. Tag: ____________________

7. Tag: ____________________

09 DIE BLUMEN

Bedeutung: Freude, Geschenk, Überraschung, Einladung, Besuch, Hobby.

Eigenschaft: Nett, freundlich, charmant.

Gesundheit: Heilung, Geschwulst, Geschwür, alternative Heilmethoden.

Zeit: Frühling.

Magische Wirkung: Freude und glückliche Zufälle.

Zubehör: Die Lenormandkarte „Die Blumen".

Bester Zeitpunkt: Mo., So., Fr., mittags, 14-15 Uhr, oder 20-21 Uhr. Zunehmender Mond.

Zauberspruch: „Glück ist kein Zufall sondern wird mir beschert, denn ich habe Euer Macht beschwört. Ihr Kräfte des Himmels und der Erde sorgt dafür, dass nun das Glück zu mir kommt auf Erde."

Magisches Öl: Good Luck, Lucky Hand, , Zitrone.

Das Ritual: Lege die Lenormandkarte unter dein Kopfkissen oder stelle sie in deinem Zimmer gut sichtbar für dich auf. Nimm sie in die Hand und lade sie mit deiner Energie auf, sprich den Zauberspruch 3 x und lasse dann los. Du kannst dies 7 Tage hintereinander folgend tun.

Deine Erfahrungen mit dem Ritual:

1. Tag: ____

2. Tag: ____

3. Tag: ____

4. Tag: ____

5. Tag: ____

6. Tag: ____

7. Tag: ____

10 DIE SENSE

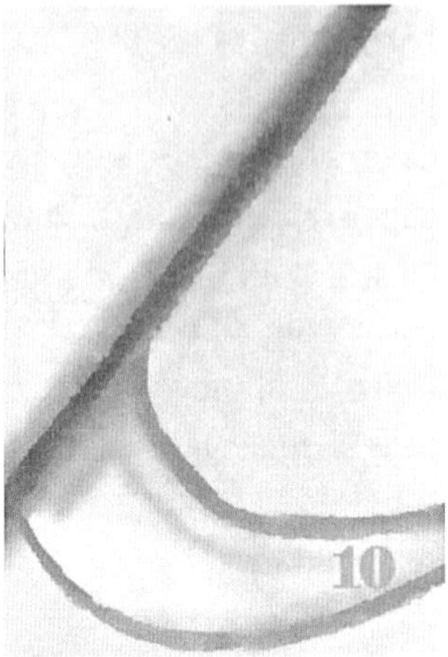

Bedeutung: Plötzlich und unerwartet.

Eigenschaft: Spontan, aggressiv, impulsiv.

Gesundheit: Zähne, Verletzung, OP.

Zeit: Plötzlich, überraschend, schnell.

Magische Wirkung: Schutz vor Gefahr.

Zubehör: Die Lenormandkarte „Die Sense".

Bester Zeitpunkt: Mo., Di., So., mittags, 14-15 Uhr, oder 20-21 Uhr. Zunehmender Mond.

Zauberspruch: „Gefährliche Situationen, Orte und Menschen kann ich ab sofort erkennen. Ich brauch mich nur zu Eurer Kraft zu bekennen. Ihr Kräfte des Schutzes kommt nun schnell herbei und macht mich eigenständig und frei."

Magisches Öl: Fire Wall of Protection, Protection from Harm, Salbei, Weihrauch.

Das Ritual: Lege die Lenormandkarte unter dein Kopfkissen oder stelle sie in deinem Zimmer gut sichtbar für dich auf. Nimm sie in die Hand und lade sie mit deiner Energie auf, sprich den Zauberspruch 3 x und lasse dann los. Du kannst dies 7 Tage hintereinander folgend tun.

Deine Erfahrungen mit dem Ritual:

1. Tag: ____

2. Tag: ____

3. Tag: ____

4. Tag: ____

5. Tag: ____

6. Tag: ____

7. Tag: ____

11 DIE RUTEN

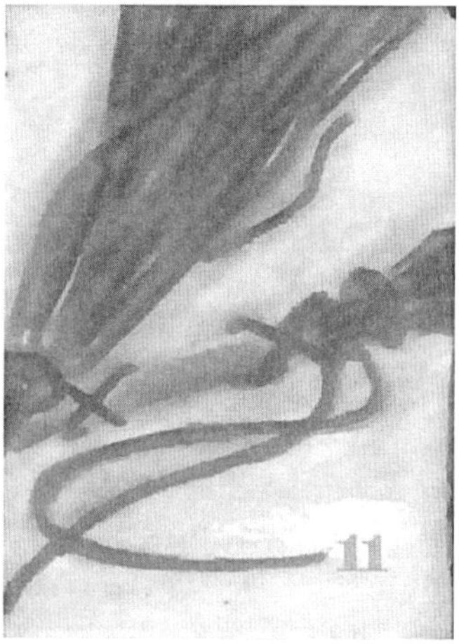

Bedeutung: Gespräche, Kommunikation, Verhandlung, Streit, Diskussionen, Sprache.

Eigenschaft: Kommunikativ, gesprächig.

Gesundheit: Stimme, Muskulatur, Sehnen, Knochen.

Anzahl: 2.

Magische Wirkung: Streit beenden.

Zubehör: Die Lenormandkarte „Die Ruten".

Bester Zeitpunkt: Mo., So., Fr., mittags, 14-15 Uhr, oder 20-21 Uhr. Zunehmender Mond.

Zauberspruch: „Streitigkeiten und Sorgen lösen sich nun auf. Ich erkenne ihre wahre Bedeutung und das Glück nimmt seinen Lauf."

Magisches Öl: Adam & Eva, Lavendel.

Das Ritual: Lege die Lenormandkarte unter dein Kopfkissen oder stelle sie in deinem Zimmer gut sichtbar für dich auf. Nimm sie in die Hand und lade sie mit deiner Energie auf, sprich den Zauberspruch 3 x und lasse dann los. Du kannst dies 7 Tage hintereinander folgend tun.

Deine Erfahrungen mit dem Ritual:

1. Tag: ____

2. Tag: ____

3. Tag: ____

4. Tag: ____

5. Tag: ____

6. Tag: ____

7. Tag: ____

12 DIE VÖGEL

Bedeutung: Telefonat, Stress, Aufregung, Sorgen, Klatsch und Tratsch, Unruhe.

Eigenschaft: Nervös, unruhig, aufgeregt.

Gesundheit: Die Nerven.

Anzahl: 2.

Magische Wirkung: Klatsch und Tratsch beenden.

Zubehör: Die Lenormandkarte „Die Vögel".

Bester Zeitpunkt: Mo., Mi., Fr., So., mittags, 14-15 Uhr, oder 20-21 Uhr. Zunehmender Mond.

Zauberspruch: „Böse Zungen müssen ruhen, können nicht mehr schlechtes tun. Das Gerede und der Tratsch ist vorbei binnen einer Mondphase."

Magisches Öl: Black Cat, Stay Away, Schwarzkümmel, schwarzer Pfeffer.

Das Ritual: Lege die Lenormandkarte unter dein Kopfkissen oder stelle sie in deinem Zimmer gut sichtbar für dich auf. Nimm sie in die Hand und lade sie mit deiner Energie auf, sprich den Zauberspruch 3 x und lasse dann los. Du kannst dies 7 Tage hintereinander folgend tun.

Deine Erfahrungen mit dem Ritual:

1. Tag: ____

2. Tag: ____

3. Tag: ____

4. Tag: ____

5. Tag: ____

6. Tag: ____

7. Tag: ____

13 KIND

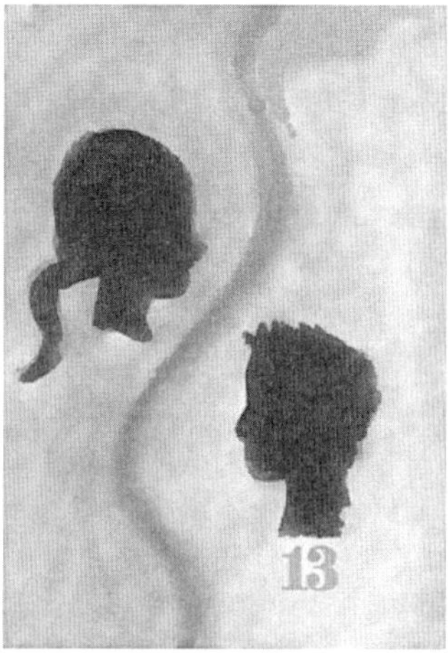

Bedeutung: Neubeginn, etwas Neues, Kleinkind.

Eigenschaft: Unselbstständig, naiv, unreif, unerfahren, klein.

Gesundheit: Kinderkrankheit, Schilddrüse.

Magische Wirkung: Schwanger werden.

Zubehör: Die Lenormandkarte „Das Kind“.

Bester Zeitpunkt: Mo., Fr., mittags, 14-15 Uhr, oder 20-21 Uhr. Zunehmender Mond.

Zauberspruch: „Schwanger will ich werden, ich bitte dich liebe Kinderseele sei bereit zu inkarnieren hier auf Erden. Komm zu mir herbei. Ich gebe dir ein gutes Zuhause und will gut für dich sorgen so es sei.“

Magisches Öl: Love Drawing, Magnet, „Q“, Lotus, Ylang Ylang.

Das Ritual: Lege die Lenormandkarte unter dein Kopfkissen oder stelle sie in deinem Zimmer gut sichtbar für dich auf. Nimm sie in die Hand und lade sie mit deiner Energie auf, sprich den Zauberspruch 3 x und lasse dann los. Du kannst dies 7 Tage hintereinander folgend tun.

Deine Erfahrungen mit dem Ritual:

1. Tag: ____________________

2. Tag: ____________________

3. Tag: ____________________

4. Tag: ____________________

5. Tag: ____________________

6. Tag: ____________________

7. Tag: ____________________

14 DER FUCHS

Bedeutung: Schlauheit, Falschheit, Intrigen.

Eigenschaft: Lügen, sich selber etwas vormachen, misstrauisch, schlau, unehrlich.

Gesundheit: Hals-, Nasen,- Ohrenbereich.

Zeit: Falscher Zeitpunkt.

Magische Wirkung: Falschheit erkennen.

Zubehör: Die Lenormandkarte „Der Fuchs“.

Bester Zeitpunkt: Mo., Mi., Fr., So., mittags, 14-15 Uhr, oder 20-21 Uhr. Zunehmender Mond.

Zauberspruch: „Falschheit und Lügen können sich nicht mehr länger verstecken. Ich entdecke sie in allen Ecken, überall lauer ich sie auf, erkenne sie und die Wahrheit nimmt ihren Lauf.“

Magisches Öl: Voodoo, Frankinsense, Weihrauch.

Das Ritual: Lege die Lenormandkarte unter dein Kopfkissen oder stelle sie in deinem Zimmer gut sichtbar für dich auf. Nimm sie in die Hand und lade sie mit deiner Energie auf, sprich den Zauberspruch 3 x und lasse dann los. Du kannst dies 7 Tage hintereinander folgend tun.

Deine Erfahrungen mit dem Ritual:

1. Tag: ______________________________

2. Tag: ______________________________

3. Tag: ______________________________

4. Tag: ______________________________

5. Tag: ______________________________

6. Tag: ______________________________

7. Tag: ______________________________

15 BÄR

Bedeutung: Stärke, lang andauernd, groß, mächtig, Beständigkeit, alt.

Eigenschaft: Wohltuend, gemütlich und kuschelig, dominant, bestimmend.

Gesundheit: Altersbeschwerden, Haare.

Zeit: 10 - 20 Jahre.

Magische Wirkung: Wieder Kraft bekommen.

Zubehör: Die Lenormandkarte „Der Bär“.

Bester Zeitpunkt: Di., So., mittags, 14-15 Uhr, oder 20-21 Uhr. Zunehmender Mond.

Zauberspruch: (Einmal laut pfeifen**)** „Kraft und Energie kommt herbei wie der Wind. Ich bekomme Kraft und Energie geschwind.“

Magisches Öl: Power, Seven Powers, Ingwer, Pfefferminz.

Das Ritual: Lege die Lenormandkarte unter dein Kopfkissen oder stelle sie in deinem Zimmer gut sichtbar für dich auf. Nimm sie in die Hand und lade sie mit deiner Energie auf, sprich den Zauberspruch 3 x und lasse dann los. Du kannst dies 7 Tage hintereinander folgend tun.

Deine Erfahrungen mit dem Ritual:

1. Tag: ____

2. Tag: ____

3. Tag: ____

4. Tag: ____

5. Tag: ____

6. Tag: ____

7. Tag: ____

16 STERNE

Bedeutung: Spiritualität, Klarheit, Klärung, Glück, gute Aussichten, Kälte, Erleuchtung.

Eigenschaft: Etwas klärt sich, viel, glücklich, kalt, zufrieden.

Gesundheit: Die Haut.

Zeit: Nachts.

Magische Wirkung: Spiritualität fördern.

Zubehör: Die Lenormandkarte „Die Sterne".

Bester Zeitpunkt: Mo., So., Fr., mittags, 14-15 Uhr, oder 20-21 Uhr. Zunehmender Mond.

Zauberspruch: „Hellsicht, Heilen, himmlische Kräfte. Ich bin Eures Gleichen. Ihr habt mir verliehen Eure Mächte. Mit diesem Zauberspruch setze ich nun meine spirituellen Kräfte frei und nutze sie zum Wohle von mir und meinen Mitmenschen. So es sei, Sella!"

Magisches Öl: Spiritual Power, Psychic, Saffron, Weihrauch, Myrrhe.

Das Ritual: Lege die Lenormandkarte unter dein Kopfkissen oder stelle sie in deinem Zimmer gut sichtbar für dich auf. Nimm sie in die Hand und lade sie mit deiner Energie auf, sprich den Zauberspruch 3 x und lasse dann los. Du kannst dies 7 Tage hintereinander folgend tun.

Deine Erfahrungen mit dem Ritual:

1. Tag: ______________________________

2. Tag: ______________________________

3. Tag: ______________________________

4. Tag: ______________________________

5. Tag: ______________________________

6. Tag: ______________________________

7. Tag: ______________________________

17 STÖRCHE

Bedeutung: Veränderung, Bewegung, Umbruch.

Eigenschaft: wechselwendig, schwankend, aktiv.

Gesundheit: Beine.

Magische Wirkung: Veränderungen, Reinigung.

Zubehör: Die Lenormandkarte „Die Störche".

Bester Zeitpunkt: Di., Sa., mittags, 14-15 Uhr, oder 20-21 Uhr. Zunehmender Mond.

Zauberspruch: „Nichts bleibt immer so wie es war, Veränderungen sind wunderbar! Ich nutze Eure Kräfte zum Wohle und zum Beste."

Magisches Öl: High John, Kampfer, Angelikawurzel.

Das Ritual: Lege die Lenormandkarte unter dein Kopfkissen oder stelle sie in deinem Zimmer gut sichtbar für dich auf. Nimm sie in die Hand und lade sie mit deiner Energie auf, sprich den Zauberspruch 3 x und lasse dann los. Du kannst dies 7 Tage hintereinander folgend tun.

Deine Erfahrungen mit dem Ritual:

1. Tag: ______________________________

2. Tag: ______________________________

3. Tag: ______________________________

4. Tag: ______________________________

5. Tag: ______________________________

6. Tag: ______________________________

7. Tag: ______________________________

18 HUND

Bedeutung: Freund, Freundes- und Bekanntenkreis, Vertrauen, Gutmütigkeit.

Eigenschaft: Vertrauensvoll, treu, zuverlässig, gutmütig.

Magische Wirkung: Freundschaften anziehen.

Zubehör: Die Lenormandkarte „Der Hund".

Bester Zeitpunkt: Mo., So., Fr., mittags, 14-15 Uhr, oder 20-21 Uhr. Zunehmender Mond.

Zauberspruch: „Freundschaften und neue Freunde. Kommt herbei ich rufe Euch. Hört auf mein Flehen, lasst uns gemeinsam in eine gute Zukunft zusammen gehen."

Magisches Öl: Magnet, Friendship, Lavendel, Orange.

Das Ritual: Lege die Lenormandkarte unter dein Kopfkissen oder stelle sie in deinem Zimmer gut sichtbar für dich auf. Nimm sie in die Hand und lade sie mit deiner Energie auf, sprich den Zauberspruch 3 x und lasse dann los. Du kannst dies 7 Tage hintereinander folgend tun.

Deine Erfahrungen mit dem Ritual:

1. Tag: ______________________________

2. Tag: ______________________________

3. Tag: ______________________________

4. Tag: ______________________________

5. Tag: ______________________________

6. Tag: ______________________________

7. Tag: ______________________________

19 DER TURM

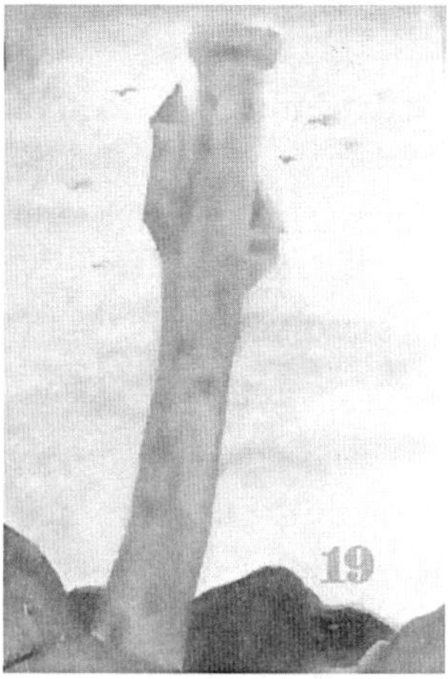

Bedeutung: Karriere, Selbstständigkeit, große Firma, Einsamkeit, Isolation.

Eigenschaft: Einsam, sich zurückziehen.

Gesundheit: Wirbelsäule.

Magische Wirkung: Selbständige Arbeit.

Zubehör: Die Lenormandkarte „Der Turm".

Bester Zeitpunkt: Mo., Do., Fr., So., mittags, 14-15 Uhr, oder 20-21 Uhr. Zunehmender Mond.

Zauberspruch: „Selbständig will ich nun werden. Ich brauche monatlich: *(Betrag einsetzen)* Euro, hier auf Erden. Ihr himmlischen Kräfte hört mein Rufen hier und erfüllt mir diese Bitte hier. Wenn es so sein soll, möge es geschehen. Ich bitte um Eure Mithilfe, so soll es geschehen."

Magisches Öl: Mische: Angel, + Better Business, Lorbeere und Zimt.

Das Ritual: Lege die Lenormandkarte unter dein Kopfkissen oder stelle sie in deinem Zimmer gut sichtbar für dich auf. Nimm sie in die Hand und lade sie mit deiner Energie auf, sprich den Zauberspruch 3 x und lasse dann los. Du kannst dies 7 Tage hintereinander folgend tun.

Deine Erfahrungen mit dem Ritual:

1. Tag: ______________________________

2. Tag: ______________________________

3. Tag: ______________________________

4. Tag: ______________________________

5. Tag: ______________________________

6. Tag: ______________________________

7. Tag: ______________________________

20 DER PARK

Bedeutung: Öffentlichkeit, Umfeld, Fest, Treffen, Kunden/Kundschaft, Gesellschaft.

Eigenschaft: Offen sein, auf andere zugehen, gesellig, kontaktfreudig.

Gesundheit: Infektion.

Zeit: 3 Monate.

Magische Wirkung: Kunden anziehen.

Zubehör: Die Lenormandkarte „Der Park".

Bester Zeitpunkt: Mo., Mi., Do., Fr., So., mittags, 14-15 Uhr, oder 20-21 Uhr. Zunehmender Mond.

Zauberspruch: „Neue Kunden ziehe ich an. Ich rufe Euch ihr himmlischen Kräfte des Ostens, des Südes, des Westens und des Nordens, kommt herbei und bringt aus allen Himmelsrichtungen zahlende Kunden für mich herbei und macht mich finanziell unabhängig und sorgenfrei."

Magisches Öl: Mische: Better Business + Success + Come to Me, Zimt, Vanille.

Das Ritual: Lege die Lenormandkarte unter dein Kopfkissen oder stelle sie in deinem Zimmer gut sichtbar für dich auf. Nimm sie in die Hand und lade sie mit deiner Energie auf, sprich den Zauberspruch 3 x und lasse dann los. Du kannst dies 7 Tage hintereinander folgend tun.

1. Tag: ____________________

2. Tag: ____________________

3. Tag: ____________________

4. Tag: ____________________

5. Tag: ____________________

6. Tag: ____________________

7. Tag: ____________________

21 DER BERG

Bedeutung: Blockade, Schwierigkeiten, Frust, Sturheit.

Eigenschaft: Blockiert, stur, frustriert, gehemmt.

Gesundheit: Kopf.

Magische Wirkung: Blockaden auflösen.

Zubehör: Die Lenormandkarte „Der Berg“.

Bester Zeitpunkt: Sa., So., mittags, 14-15 Uhr, oder 20-21 Uhr. Zunehmender Mond.

Zauberspruch: „Blockaden und Hindernisse dürfen nun weichen. Ich erkenne ihre Botschaft und stelle neue Weichen. Ich öffne mich der Fülle und dem Lebensglück. Ich bin FREUDE, LICHT und GLÜCK, weil ich es sage ändere ich hiermit mein Geschick.“

Magisches Öl: Wall Breaker, Breaking Up, Jinx Removing, Angelikawurzel, Blutorange.

Das Ritual: Lege die Lenormandkarte unter dein Kopfkissen oder stelle sie in deinem Zimmer gut sichtbar für dich auf. Nimm sie in die Hand und lade sie mit deiner Energie auf, sprich den Zauberspruch 3 x und lasse dann los. Du kannst dies 7 Tage hintereinander folgend tun.

Deine Erfahrungen mit dem Ritual:

1. Tag: ____

2. Tag: ____

3. Tag: ____

4. Tag: ____

5. Tag: ____

6. Tag: ____

7. Tag: ____

22 DIE WEGE

Bedeutung: Entscheidung, neue Wege gehen.

Eigenschaft: Entschlossen, entscheidungskräftig.

Gesundheit: Adern, Venen.

Magische Wirkung: Lösungen finden

Zubehör: Die Lenormandkarte „Die Wege".

Bester Zeitpunkt: Mo., Mi., Fr., So., mittags, 14-15 Uhr, oder 20-21 Uhr. Zunehmender Mond.

Zauberspruch: „Lösungen und Ideen werde ich bekommen und finden, durch magische Gedanken meine Verwirrtheit überwinden. Die Ideen so wundervoll und klar, sind plötzlich in meinen Gedanken einfach da!"

Magisches Öl: Come to Me, Lemongrass, Zitrone.

Das Ritual: Lege die Lenormandkarte unter dein Kopfkissen oder stelle sie in deinem Zimmer gut sichtbar für dich auf. Nimm sie in die Hand und lade sie mit deiner Energie auf, sprich den Zauberspruch 3 x und lasse dann los. Du kannst dies 7 Tage hintereinander folgend tun.

Deine Erfahrungen mit dem Ritual:

1. Tag: ____________________

2. Tag: ____________________

3. Tag: ____________________

4. Tag: ____________________

5. Tag: ____________________

6. Tag: ____________________

7. Tag: ____________________

23 DIE MÄUSE

Bedeutung: Etwas geht in den Verlust – löst sich auf, etwas verzögert sich.

Eigenschaft: Unzufrieden, unsicher, zerrissen, ängstlich.

Gesundheit: Verdauungsorgane.

Magische Wirkung: Verlust stoppen.

Zubehör: Die Lenormandkarte „Die Mäuse“.

Bester Zeitpunkt: Mo., Fr., So., mittags, 14-15 Uhr, oder 20-21 Uhr. Zunehmender Mond.

Zauberspruch: „Hoffnungslosigkeit und Verlustängste werde ich ab sofort überwinden. Kraft und Energie kommt stattdessen zu mir herbei. Ich brauch JETZT EUREN SCHUTZ, so es sei!“

Magisches Öl: Keep Away Troubel, Keep Away Evil, St. Michael, Bergamotte, Zimt.

Das Ritual: Lege die Lenormandkarte unter dein Kopfkissen oder stelle sie in deinem Zimmer gut sichtbar für dich auf. Nimm sie in die Hand und lade sie mit deiner Energie auf, sprich den Zauberspruch 3 x und lasse dann los. Du kannst dies 7 Tage hintereinander folgend tun.

Deine Erfahrungen mit dem Ritual:

1. Tag: ____

2. Tag: ____

3. Tag: ____

4. Tag: ____

5. Tag: ____

6. Tag: ____

7. Tag: ____

24 DAS HERZ

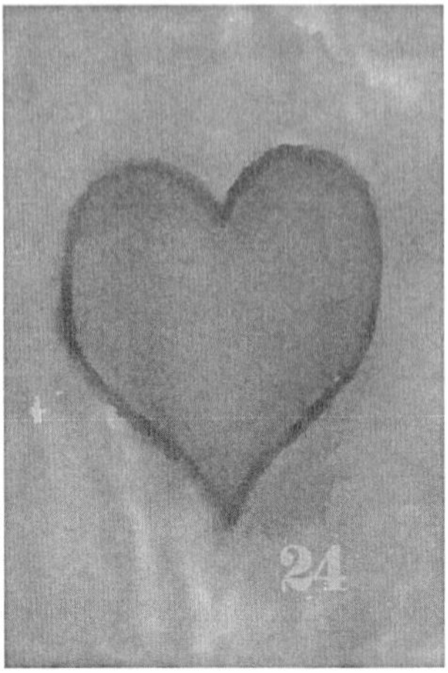

Bedeutung: Liebe, Gefühl, Herzlichkeit

Eigenschaft: Herzlich, liebevoll.

Gesundheit: Herz – Blutkreislauf.

Magische Wirkung: Liebeszauber.

Zubehör: Die Lenormandkarte „Das Herz“.

Bester Zeitpunkt: Mo., Fr., mittags, 14-15 Uhr, oder 20-21 Uhr. Zunehmender Mond.

Zauberspruch: „Liebe ist das höchste Gut, es kann nicht beeinflusst werden, drum bin ich auf der Hut. Ich kann mich aber der göttlichen Liebe öffnen und sende göttliche Liebe aus. Wer diesen Ruf hört und reinen Herzens ist, dem gewähre ich Einlass in mein Haus.“

Magisches Öl: Lovers, Love Me, Rose, Lavendel.

Das Ritual: Lege die Lenormandkarte unter dein Kopfkissen oder stelle sie in deinem Zimmer gut sichtbar für dich auf. Nimm sie in die Hand und lade sie mit deiner Energie auf, sprich den Zauberspruch 3 x und lasse dann los. Du kannst dies 7 Tage hintereinander folgend tun.

Deine Erfahrungen mit dem Ritual:

1. Tag: ____

2. Tag: ____

3. Tag: ____

4. Tag: ____

5. Tag: ____

6. Tag: ____

7. Tag: ____

25 DER RING

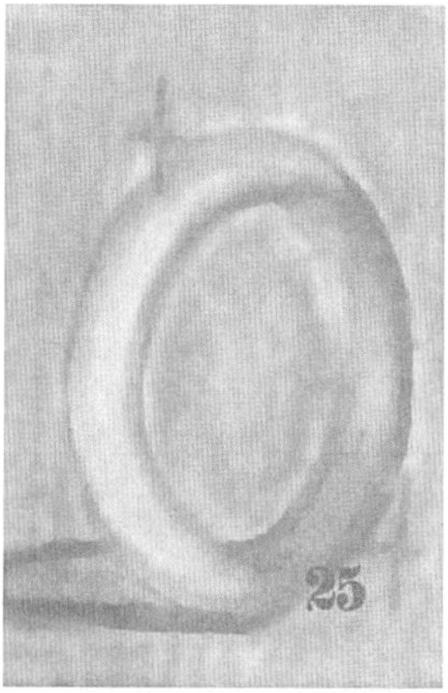

Bedeutung: Ehe, Partnerschaft, Vertrag, Verein, Wiederholung, Gesellschaft.

Eigenschaft: Etwas wiederholt sich, sich gebunden fühlen.

Gesundheit: Chronisches, Andauerndes, Kreislauf.

Magische Wirkung: Hochzeit.

Zubehör: Die Lenormandkarte „Der Ring“.

Bester Zeitpunkt: Mo., Fr., So., mittags, 14-15 Uhr, oder 20-21 Uhr. Zunehmender Mond.

Zauberspruch: Heiraten will gut überlegt und geplant sein. Also aufpassen, dass der Zauber auch funktioniert, solltest du mit der Person zumindest verlobt sein. Hier der Zauberspruch:

„Name ich liebe dich, du bist der/die Richtige für mich. Heiraten will ich dich und zwar ganz schnell, am besten sofort und auf der Stell.“

Magisches Öl: Marriage, Red Rose, Rose Buds, mische Orange + Zimt.

Das Ritual: Lege die Lenormandkarte unter dein Kopfkissen oder stelle sie in deinem Zimmer gut sichtbar für dich auf. Nimm sie in die Hand und lade sie mit deiner Energie auf, sprich den Zauberspruch 3 x und lasse dann los. Du kannst dies 7 Tage hintereinander folgend tun.

1. Tag: ______________________________

2. Tag: ______________________________

3. Tag: ______________________________

4. Tag: ______________________________

5. Tag: ______________________________

6. Tag: ______________________________

7. Tag: ______________________________

26 DAS BUCH

Bedeutung: Geheimnis, Weiterbildung, Bildung, unbekannt, Verlagswesen.

Eigenschaft: Gebildet, verschlossen.

Gesundheit: Das Unterbewusstsein.

Magische Wirkung: Inspiration beim Schreiben, leichter lernen.

Zubehör: Die Lenormandkarte „Das Buch".

Bester Zeitpunkt: Mo., Mi., Fr., mittags, 14-15 Uhr, oder 20-21 Uhr. Zunehmender Mond.

Zauberspruch: „Ihr göttlichen Musen schenkt mir Eingebungen und richtige Gedanken, lasst mich in Eurem Nektar der Fülle und der Liebe tanken. Ich rufe nun die Kraft der Musen herbei, helft mir bei meinem Projekt und inspiriert mich so soll es ein."

Magisches Öl: Easy Life, Success, Lavendel, Limette.

Das Ritual: Lege die Lenormandkarte unter dein Kopfkissen oder stelle sie in deinem Zimmer gut sichtbar für dich auf. Nimm sie in die Hand und lade sie mit deiner Energie auf, sprich den Zauberspruch 3 x und lasse dann los. Du kannst dies 7 Tage hintereinander folgend tun.

Deine Erfahrungen mit dem Ritual:

1. Tag: ____________________

2. Tag: ____________________

3. Tag: ____________________

4. Tag: ____________________

5. Tag: ____________________

6. Tag: ____________________

7. Tag: ____________________

27 DER BRIEF

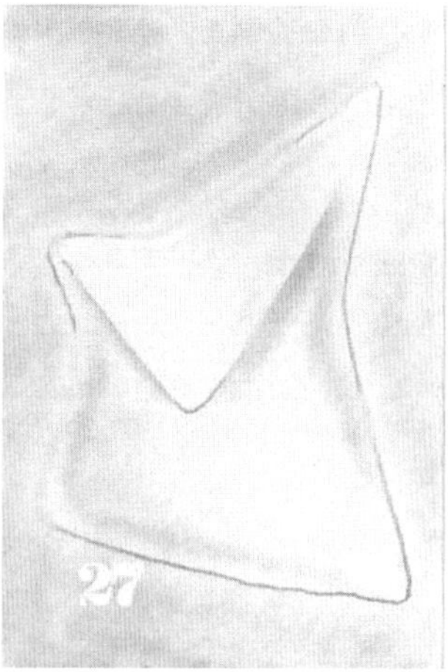

Bedeutung: Nachricht, Kontakt, E-Mails, SMS, Unterlagen, Information.

Eigenschaft: Kontaktfreudig.

Magische Wirkung: Telefonat.

Zubehör: Die Lenormandkarte „Der Brief“.

Bester Zeitpunkt: Mo., Mi., Fr., mittags, 14-15 Uhr, oder 20-21 Uhr. Zunehmender Mond.

Zauberspruch: „Name, ruf mich an, ruf mich an! Ich denke schon die ganze Zeit daran. Meine Gedanken durchdringen JETZT Raum und Zeit, überwinden alle Hindernisse und du bist auch jetzt dafür bereit.“

Magisches Öl: Come to me, Frankinsense, Zimt, Veilchen.

Das Ritual: Lege die Lenormandkarte unter dein Kopfkissen oder stelle sie in deinem Zimmer gut sichtbar für dich auf. Nimm sie in die Hand und lade sie mit deiner Energie auf, sprich den Zauberspruch 3 x und lasse dann los. Du kannst dies 7 Tage hintereinander folgend tun.

Deine Erfahrungen mit dem Ritual:

1. Tag: ____

2. Tag: ____

3. Tag: ____

4. Tag: ____

5. Tag: ____

6. Tag: ____

7. Tag: ____

28 DER HERR

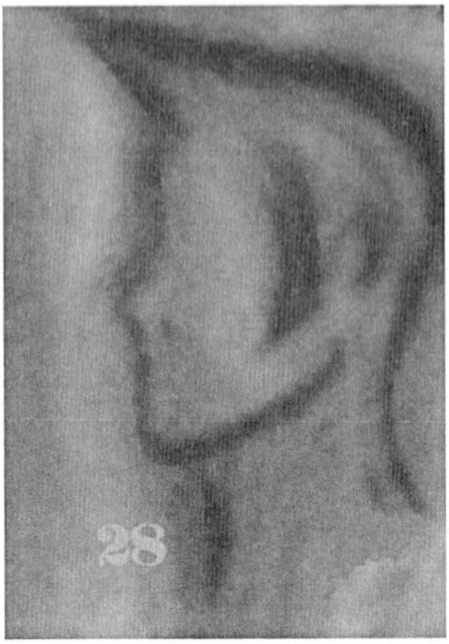

Bedeutung: Partner, Ehemann, Fragesteller, Herzensmann.

Magische Wirkung: Herzensmann oder Seelenpartner.

Zubehör: Die Lenormandkarte „Der Herr“.

Bester Zeitpunkt: Mo., Fr., So., mittags, 14-15 Uhr, oder 20-21 Uhr. Zunehmender Mond.

Zauberspruch: „Ich rufe dich, ich rufe dich. Komm zu mir und liebe mich. Du sollst der Richtige sein, komm zu mir, ich lass dich ein.“

Magisches Öl: Man Trap, Tabak, Adam & Eva, Patschuli.

Das Ritual: Lege die Lenormandkarte unter dein Kopfkissen oder stelle sie in deinem Zimmer gut sichtbar für dich auf. Nimm sie in die Hand und lade sie mit deiner Energie auf, sprich den Zauberspruch 3 x und lasse dann los. Du kannst dies 7 Tage hintereinander folgend tun.

Deine Erfahrungen mit dem Ritual:

1. Tag: ______________________________

2. Tag: ______________________________

3. Tag: ______________________________

4. Tag: ______________________________

5. Tag: ______________________________

6. Tag: ______________________________

7. Tag: ______________________________

29 DIE DAME

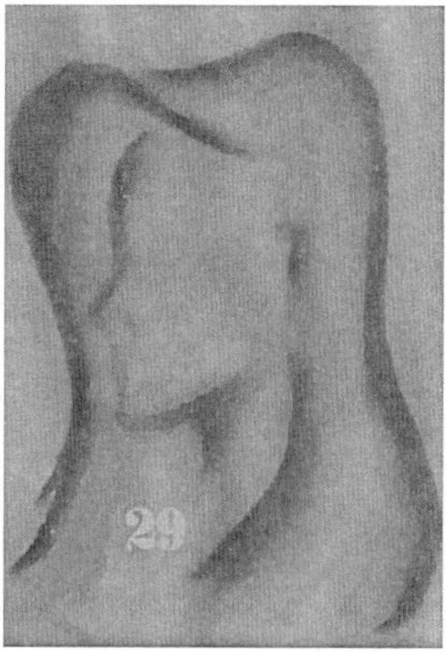

Bedeutung: Fragestellerin, Partnerin, Herzensdame.

Magische Wirkung: Herzensfrau oder Seelenpartnerin.

Zubehör: Die Lenormandkarte „Die Dame".

Bester Zeitpunkt: Mo., Fr., So., mittags, 14-15 Uhr, oder 20-21 Uhr. Zunehmender Mond.

Zauberspruch: „Ich rufe dich, ich rufe dich. Komm zu mir und liebe mich. Du sollst die Richtige sein, komm zu mir, ich lass dich ein."

Magisches Öl: Lady Luck, Rose, Veilchen, Adam & Eva.

Das Ritual: Lege die Lenormandkarte unter dein Kopfkissen oder stelle sie in deinem Zimmer gut sichtbar für dich auf. Nimm sie in die Hand und lade sie mit deiner Energie auf, sprich den Zauberspruch 3 x und lasse dann los. Du kannst dies 7 Tage hintereinander folgend tun.

Deine Erfahrungen mit dem Ritual:

1. Tag: ______________________________

2. Tag: ______________________________

3. Tag: ______________________________

4. Tag: ______________________________

5. Tag: ______________________________

6. Tag: ______________________________

7. Tag: ______________________________

30 DIE Lilien

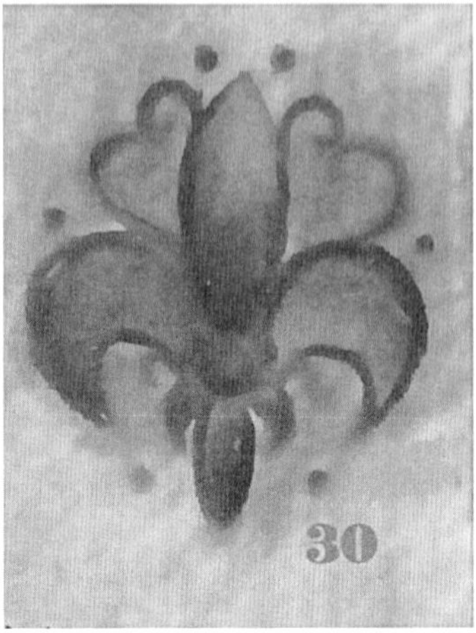

Bedeutung: Familie, Harmonie, Sexualität, Frieden.

Eigenschaft: Harmonie liebend, familiär, sexuell interessiert.

Gesundheit: Gynäkologischer, urologischer Bereich, Hormone.

Zeit: Winter.

Magische Wirkung: Erotische Beziehungen.

Zubehör: Die Lenormandkarte „Die Lilien".

Bester Zeitpunkt: Fr., mittags, 14-15 Uhr, oder 20-21 Uhr. Zunehmender Mond.

Zauberspruch: „Das Feuer der Liebe will ich nun hiermit zwischen uns beiden entfachen. Du verspürst seine Kraft und kommst zu mir herbei. Dadurch kann der Zauber wirken und setzt seine Kräfte frei."

Magisches Öl: Cleopatra, Fire of Love, Ylang Ylang, Moschus.

Das Ritual: Lege die Lenormandkarte unter dein Kopfkissen oder stelle sie in deinem Zimmer gut sichtbar für dich auf. Nimm sie in die Hand und lade sie mit deiner Energie auf, sprich den Zauberspruch 3 x und lasse dann los. Du kannst dies 7 Tage hintereinander folgend tun.

1. Tag: ______________________________

2. Tag: ______________________________

3. Tag: ______________________________

4. Tag: ______________________________

5. Tag: ______________________________

6. Tag: ______________________________

7. Tag: ______________________________

31 DIE SONNE

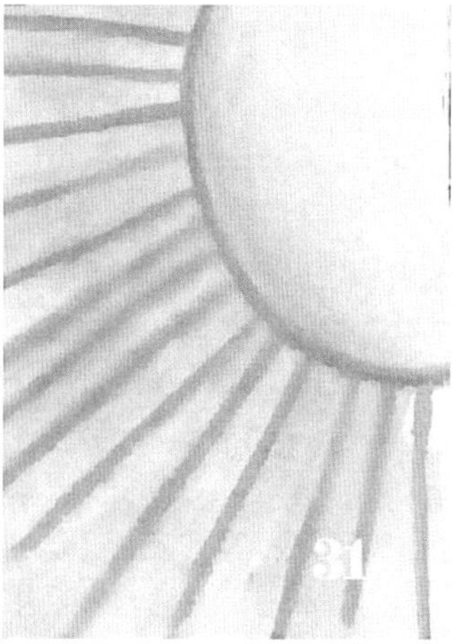

Bedeutung: Glück, Energie, Kraft, positiv.

Eigenschaft: Optimistisch, zufrieden, glücklich, energisch.

Gesundheit: Die Augen.

Zeit: Sommer.

Magische Wirkung: Lebensfreude/ Energie.

Zubehör: Die Lenormandkarte „Die Sonne“.

Bester Zeitpunkt: Jeder Tag, mittags, 14-15 Uhr, oder 20-21 Uhr. Zunehmender Mond.

Zauberspruch: „Energie, Kraft, Lebensfreude, Euch Kräfte rufe ich an! Kommt und erfüllt mein ganzes Sein, ich spüre es in jeder Zelle meines Körpers so kann es nur richtig sein.“

Magisches Öl: Sun, Seven Africans, Orange, Ingwer.

Das Ritual: Lege die Lenormandkarte unter dein Kopfkissen oder stelle sie in deinem Zimmer gut sichtbar für dich auf. Nimm sie in die Hand und lade sie mit deiner Energie auf, sprich den Zauberspruch 3 x und lasse dann los. Du kannst dies 7 Tage hintereinander folgend tun.

1. Tag: ____

2. Tag: ____

3. Tag: ____

4. Tag: ____

5. Tag: ____

6. Tag: ____

7. Tag: ____

32 DER MOND

Bedeutung: Gefühle, Medialität, Gedanken.

Eigenschaften: Gefühlvoll, medial veranlagt, hellfühlig, intuitiv, sensibel.

Gesundheit: Psychosomatisch.

Zeit: ca. 2 Monate, abends.

Magische Wirkung: Meditation, Hellsicht.

Zubehör: Die Lenormandkarte „Der Mond".

Bester Zeitpunkt: Mo., mittags, 14-15 Uhr, oder 20-21 Uhr. Zunehmender Mond.

Zauberspruch: „Hellsicht werde mir nun gewährt, denn ich habe Eure Macht beschwört! Innerhalb weniger Stunden wird es so sein, ich öffne mich der neuen Energie nun richtet es ein."

Magisches Öl: Moon, Meditation, Opium, Weihrauch.

Das Ritual: Lege die Lenormandkarte unter dein Kopfkissen oder stelle sie in deinem Zimmer gut sichtbar für dich auf. Nimm sie in die Hand und lade sie mit deiner Energie auf, sprich den Zauberspruch 3 x und lasse dann los. Du kannst dies 7 Tage hintereinander folgend tun.

1. Tag: ______________________________

2. Tag: ______________________________

3. Tag: ______________________________

4. Tag: ______________________________

5. Tag: ______________________________

6. Tag: ______________________________

7. Tag: ______________________________

33 DER SCHLÜSSEL

Bedeutung: Erfolg, Entschlossenheit.

Eigenschaft: erfolgreich, sicher, zuverlässig, selbstbewusst.

Gesundheit: Minerale, Vitamine.

Magische Wirkung: Erfolgreiche Prüfung und Geschäfte.

Zubehör: Die Lenormandkarte „Der Schlüssel".

Bester Zeitpunkt: Mo., Mi., Fr., mittags, 14-15 Uhr, oder 20-21 Uhr. Zunehmender Mond.

Zauberspruch: „Schlüssel des Erfolges, ich beschwöre deine Macht. Öffne mir die geheimen Türen, die schon anderen haben Glück gebracht. Ich bitte dich tu dein Bestes nun, damit ich kann erfolgreich sein im Ruhm."

Magisches Öl: Success, High John, Lorbeer, Orange.

Das Ritual: Lege die Lenormandkarte unter dein Kopfkissen oder stelle sie in deinem Zimmer gut sichtbar für dich auf. Nimm sie in die Hand und lade sie mit deiner Energie auf, sprich den Zauberspruch 3 x und lasse dann los. Du kannst dies 7 Tage hintereinander folgend tun.

1. Tag: ____

2. Tag: ____

3. Tag: ____

4. Tag: ____

5. Tag: ____

6. Tag: ____

7. Tag: ____

34 DIE FISCHE

Bedeutung: Geld, Finanzen, materielle Werte.

Eigenschaft: Sensibel, Materielles liebend.

Gesundheit: Blase, Niere, Wasserhaushalt.

Magische Wirkung: Geldzauber

Zubehör: Die Lenormandkarte „Die Fische".

Bester Zeitpunkt: Mi., Do., mittags, 14-15 Uhr, oder 20-21 Uhr. Zunehmender Mond.

Zauberspruch: „Geld, Geld komm schnell zu mir zurück und bring auch deine Freunde mit. Geldsorgen löst euch auf ihr himmlischen Kräfte sorgt für positiven Geldfluss bei mir zuhauf. "

Magisches Öl: Money Drawing, Zimt, Mandel, Patschuli.

Das Ritual: Lege die Lenormandkarte unter dein Kopfkissen oder stelle sie in deinem Zimmer gut sichtbar für dich auf. Nimm sie in die Hand und lade sie mit deiner Energie auf, sprich den Zauberspruch 3 x und lasse dann los. Du kannst dies 7 Tage hintereinander folgend tun.

1. Tag: ______________________________

2. Tag: ______________________________

3. Tag: ______________________________

4. Tag: ______________________________

5. Tag: ______________________________

6. Tag: ______________________________

7. Tag: ______________________________

35 DER ANKER

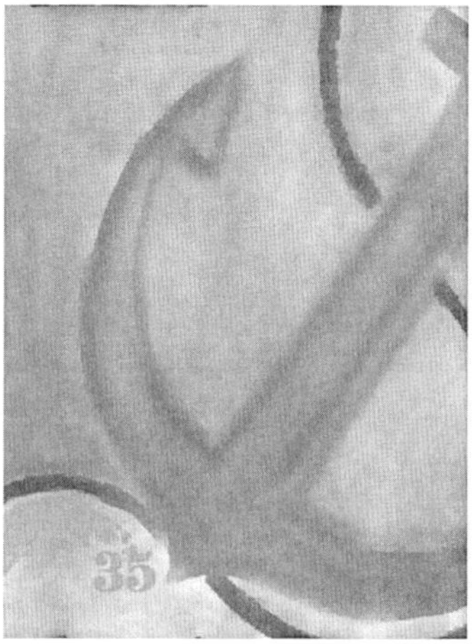

Bedeutung: Beruf, Arbeit, Verfestigung, Sicherheit, Abhängigkeiten, Verankerung.

Eigenschaft: Fleißig, zuverlässig, klammernd, an etwas festhalten.

Gesundheit: Becken, Hüfte.

Magische Wirkung: Eine Arbeit bekommen oder behalten.

Zubehör: Die Lenormandkarte „Der Anker".

Bester Zeitpunkt: Mo., Mi., Fr., mittags, 14-15 Uhr, oder 20-21 Uhr. Zunehmender Mond.

Zauberspruch: „Arbeit und Lebensglück, diese Gaben bringen mir heute Glück. Ich rufe euch ihr himmlischen Mächte, kommt herbei, verhelft mir zu diesem Arbeitsplatz oder, dass ich ihn auf Dauer auch behalte. So es sei!"

Magisches Öl: Job, Steady Work, Success, Lemongrass, Zitrone.

Das Ritual: Lege die Lenormandkarte unter dein Kopfkissen oder stelle sie in deinem Zimmer gut sichtbar für dich auf. Nimm sie in die Hand und lade sie mit deiner Energie auf, sprich den Zauberspruch 3 x und lasse dann los. Du kannst dies 7 Tage hintereinander folgend tun.

1. Tag: ______________________________

2. Tag: ______________________________

3. Tag: ______________________________

4. Tag: ______________________________

5. Tag: ______________________________

6. Tag: ______________________________

7. Tag: ______________________________

36 DAS KREUZ

Bedeutung: Verstärker einer Sache, passiert mit Sicherheit, Karma, Schicksal.

Eigenschaft: Wichtig, karmisch, schicksalhaft.

Gesundheit: Kreuz, Rücken, Bandscheiben, unterer Rückenbereich.

Zeit: 2-3 Wochen.

Magische Wirkung: Karmische Verbindungen lösen.

Zubehör: Die Lenormandkarte „Das Kreuz".

Bester Zeitpunkt: JEDERZEIT

Zauberspruch: Schlechtes Karma kann nur durch gute Taten aufgelöst werden, nicht mit Hilfe eines Zauberspruches. Karmische Verbindungen können mit folgendem Zauberspruch gelöst werden:

„Ich rufe dich Erzengel Michael (oder universelle Kraft) bitte durchtrenne und löse die karmischen Bänder von mir zu Name der anderen Person auf und ersetzt diese durch positive und befreiende Eigenschaften", sage: „Ich gebe dich frei, in Licht und Liebe so es sei."

Magisches Öl: St. Michael, Healing, Weihrauch, Kampfer.

Das Ritual: Lege die Lenormandkarte unter dein Kopfkissen oder stelle sie in deinem Zimmer gut sichtbar für dich auf. Nimm sie in die Hand und lade sie mit deiner Energie auf, sprich den Zauberspruch 3 x und lasse dann los. Du kannst dies 7 Tage hintereinander folgend tun.

1. Tag: ______________________________

2. Tag: ______________________________

3. Tag: ______________________________

4. Tag: ______________________________

5. Tag: ______________________________

6. und 7. Tag: ______________________________

Kapitel 6 – Schamanische Rituale & Rezepte

Schamanische Power-Energiesprays

Meine schamanischen Power-Energiesprays lassen sich ganz einfach selbst herstellen, wenn du die richtigen Zutaten parat hast.

Die Power-Sprays basieren auf dem Wissen der Aromatherapie und deshalb solltest du nur natureine und sehr hochwertige Öle verwenden.

Du brauchst dafür:

- Stilles Wasser
- Naturreine Aroma-Öle z. B. Primavera®
- ein Sprühfläschchen mit Zerstäuber 100ml

Immer 3-5 Hübe in die eigene Aura sprühen oder in den Raum zur Wohnraumreinigung und Erhöhung der Energiefrequenz. Du wirst sofort eine Wirkung spüren und wenn du das Gefühl hast, dass der Raum heller oder weiter wirkt, dann wirkt das jeweilige Energiespray genau richtig. Die Wirkung hält ungefähr 15-20 Minuten an. Danach solltest du erneut spüren, wenn du das Gefühl hast, es ist noch nicht ganz erledigt. Wiederhole den Vorgang aber nicht länger als 3 x, danach gib dir selbst eine kleine Ruhepause von mindestens 4 Stunden.

Energiespray-Rezepte	Zutaten für 100ml
Be Happy-Spray – Lebensfreude	15 Tropfen Litsea 10 Tropfen Zitrone
Drachenblut-Spray – Schutz	30 Tropfen Drachenblut
7 Chakra-Spray – Ausgleichung	7 Tropfen Sandelholz 7 Tropfen Orange 7 Tropfen Zitrone 7 Tropfen Rose 7 Tropfen Eukalyptus 7 Tropfen Lavendel 7 Tropfen Weihrauch
Power-Spray – gegen Depressionen	20 Tropfen Blutorange 10 Tropfen Grapefruit
Reiki-Spray – für Reiki Sitzungen	30 Tropfen Eukalyptus 10 Tropfen Zitrone 5 Tropfen Kokosnuss

Christus-Spray – für All-Liebe und Vater-Themen zu lösen	15 Tropfen Weihrauch 10 Tropfen Chytus 5 Tropfen Zypresse
Maria-Spray – für All-Liebe zur Ablösung von Mutter-Themen. Zugabe: Weiße Rosenblüten	15 Tropfen Weihrauch 10 Tropfen blaue Kamille 5 Tropfen Rose
Saint Germain-Spray – zur Reinigung und Transformation.	30 Tropfen Lavendel
Kwan Yin-Spray – für Fürsorge und Geborgenheit (unterstützt Magnified Healing® Sitzungen).	20 Tropfen Lavendel 10 Tropfen Rose
El Morya-Spray – Urvertrauen	15 Tropfen Weihrauch 10 Tropfen Lavendel 5 Tropfen Styrax
Erzengel Raphael-Spray – Heilung	15 Tropfen Weihrauch 10 Tropfen Eukalyptus 5 Tropfen Kamille
Erzengel Michael-Spray – Reinigung	15 Tropfen Weihrauch 10 Tropfen Lavendel 5 Tropfen Fichtennadel
Weißer Salbei-Spray – Hausreinigung Als Zugabe: Weiße Salbeiblätter	15 Tropfen Salbei 10 Tropfen Weihrauch 5 Tropfen Zitrone
Hóoponopono-Spray – Vergebung	15 Tropfen Litsea 5 Tropfen Ylang Ylang
Palo Santo-Spray – Weihung Als Zugabe: Palo Santo-Stücke	15 Tropfen Palo Santo 5 Tropfen Zitrone
Dein Einhorn-Spray – Energie erhöhen, Kontakt zu deinem persönlichen Einhorn herstellen. Als Zugabe: Rosenblüten	15 Tropfen Weihrauch 5 Tropfen Rose
Dein Drachen-Spray – Energie erhöhen, Kontakt zu deinem persönlichen Drachen herstellen. Als Zugabe: Drachenblut-Stücke	15 Tropfen Weihrauch 5 Tropfen Drachenblut

Dein Schutzengel-Spray – Energie erhöhen, Kontakt zu deinem persönlichen Schutzengel herstellen. Als Zugabe: eine weiße Feder	15 Tropfen Weihrauch 5 Tropfen Sandelholz 2 Tropfen deines Lieblingsduftes
Feen & Elfen-Spray – Ein Lob an die Naturgeister.	15 Tropfen Lavendel 10 Tropfen Rose 5 Tropfen Veilchen
Entwünschung – gegen Flüche und Verwünschungen. Als Zugabe: Wacholderbeeren.	15 Tropfen Weihrauch 10 Tropfen schwarzer Pfeffer 5 Tropfen Kümmel
Aura-Spray – Reinigung	15 Tropfen Zitrone 10 Tropfen Limette 5 Tropfen Lavendel
Heilungs-Spray – Gesundheit stärken	15 Tropfen Eukalyptus 10 Tropfen Rosmarin 5 Tropfen Salbei
Liebe Mich-Spray – Anziehung	15 Tropfen Rose 10 Tropfen Moschus 5 Tropfen Orange
Abschied – Loslassen	15 Tropfen Weihrauch 10 Tropfen Zitrone 5 Tropfen Zypresse

Meine schamanischen Räuchermischungen

In der nachfolgenden Tabelle möchte ich dir meine selbst gefertigten Räuchermischungen vorstellen, die ich immer wieder gerne benutze und für meine Kunden auf Wunsch selbst herstelle. Diese Mischungen werden auf Räucherkohle oder einem Räuchersieb verbrannt. Gerne kannst du diese Rezepte auch abändern, wenn du die eine oder andere Zutat nicht verträgst oder das Gefühl hast, du möchtest etwas hinzufügen oder weglassen. Die Rezeptur-Angaben gelten immer nur für eine Portion die gleich verwendet werden soll:

Alle Zutaten in einem Mörser gut zerkleinern und zum Schluss das 100% reine Ätherische Öl tropfenweise hinzufügen. Zum Aufbewahren der einzelnen Räucher-Mischungen solltest du bitte ein Braunglasgefäß benutzen. Haltbarkeit max. 2-3Monate.

Schamanische Räucherung	Zutaten
Abschied	3 Teel. Lavendel 1 Teel. Rose 1 Teel. Veilchenwurzel 2 Tropfen Sandelholzöl
Ahnenverehrung	2 Teel. Olibanum/Weihrauch 1 Teel. Sandelholz 1 Teel. Rose 1 Tropfen Weihrauchöl
Astralreise	2 Teel. Olibanum/Weihrauch 1 Teel. Sandelholz 1 Teel. Damianablätter 1 Tropfen Weihrauchöl
Astrologie-Mischung	2 Teel. Myrre 1 Teel. goldfarbiger Weihrauch 1 Tropfen Weihrauchöl

7 Chakrenreinigung	1 Teel. Sandelholz 1 Teel. Lemongrass 1 Teel. Orangenblüten 1 Teel. Rosenblüten 1 Teel. Eukalyptusblätter 1 Teel Lavendelblüten 1 Teel. Weihrauch 2 Tropfen Lavendelöl
Drachen	1 Teel. Olibanum/Weihrauch 2 Teel. Drachenblutharz 2 Tropfen Zitronenöl
Einhörner	1 Teel. Olibanum/Weihrauch 2 Teel. Rosenblüten 2 Tropfen Rosenöl
Gegen Einsamkeit	1 Teel. Zitronengras 2 Teel. Tonkabohne gemahlen 2 Tropfen Blutorange
Elfen und Naturgeister sehen	1 Teel. Olibanum/Weihrauch 2 Teel. Veilchenwurzel 2 Tropfen Lavendelöl
Engelskontakte	1 Teel. Olibanum/Weihrauch 2 Teel. Beifuß 2 Teel. Rosenblüten 2 Tropfen Litsea
Erfolg und Stärke	1 Teel. Olibanum/Weihrauch 2 Teel. Galgantwurzel 1 Teel. Kardamon 2 Tropfen Rosmarinöl
Feierlichkeiten allgemein	1 Teel. Olibanum/Weihrauch 2 Teel. Zimtstangen 1 Tropfen Zimtöl
Feng Shui-Mischung	2 Teel. Olibanum/Weihrauch 1 Teel. Sandelholz 1 Teel. Patchouli 1 Tropfen Lavendelöl

Flüche loswerden	2 Teel. Olibanum/Weihrauch 1 Teel. Beifuß 1 Teel. Eisenkraut 1 Teel. Drachenblut 2 Tropfen Salbeiöl
Geburtstag	Stelle dir deine eigene persönliche Lieblingsmischung zusammen.
Gegen Bösen Blick	2 Teel. Olibanum/Weihrauch 1 Teel. Wacholderbeeren zerkleinern 1 Teel. Drachenblut 1 Tropfen Pfefferminzöl
Gegen Wut und Zorn	2 Teel. Olibanum/Weihrauch 1 Teel. Zitronenmelisse 1 Teel. Palo Santo 1 Tropfen Kokosnussöl
Geld und Finanzen	2 Teel. Olibanum/Weihrauch 1 Teel. Zimt 1 Teel. Tonkabohne, zerkleinert 1 Tropfen Weihrauchöl
Glück	2 Teel. Olibanum/Weihrauch 1 Teel. Zitronengras 1 Tropfen Zitronenöl
Hausreinigung	2 Teel. Olibanum/Weihrauch 1 Teel. Salbei 1 Teel. Drachenblut 1 Tropfen Salbeiöl
Hellsicht	2 Teel. Olibanum/Weihrauch ¼ Teel. Muskatnuss gemahlen 1 Teel. Eisenkraut 1 Tropfen Weihrauchöl
Hochzeit	2 Teel.l Olibanum/Weihrauch 1 Teel. Rosenblüten rot 1 Teel. Rosenblüten weiß 1 Tropfen Jasminöl

Jenseitskontakte	2 Teel. Olibanum/Weihrauch 1 Teel. Eisenkraut 1 Teel. Beifuß 1 Tropfen Weihrauchöl
Kartenlegen	2 Teel. Olibanum/Weihrauch 1 Teel. Beifuss 1 Teel. Johanniskraut 1 Tropfen Kümmelöl
Krafttiere	2 Teel.Olibanum/Weihrauch 1 Teel. Salbei 1 Teel. Zedernholz 1 Tropfen Zypressenöl
Lernen	2 Teel. Olibanum/Weihrauch 1 Teel. Lavendel 1 Teel. Orangenschalen 1 Tropfen Orangenöl
Liebe und Romantik	2 Teel. Olibanum/Weihrauch 1 Teel. Rosenblüten rosa 1 Teel. Tonkabohne zerkleinert 1 Tropfen Rosenöl
Gegen Liebeskummer	2 Teel. Olibanum/Weihrauch 1 Teel. Rosenholz 1 Teel. Rosenblüten gelb 1 Tropfen Blutorange
Orakelweihrauch	2 Teel. Weihrauch gold 1 Teel. Weihrauch schwarz 1 Teel. Beifuß 1 Tropfen Weihrauchöl
Prüfung	2 Teel. Olibanum/Weihrauch 1 Teel. Mastix 1 Teel. Cistrose 1 Tropfen Weihrauchöl
Reiki-Mischung	2 Teel. Olibanum/Weihrauch 1 Teel. Fenchel 1 Teel. Galgantwurzel 1 Tropfen Eukalyptusöl

Reinigung von Fremdenergien	2 Teel. Olibanum/Weihrauch 1 Teel. Salbei 1 Teel. Beifuß 1 Tropfen Angelikawurzelöl
Schamanische Reise	2 Teel. Salbei 1 Teel. Palo Santo 1 Teel. Yerba Santa 1 Tropfen
Schutz allgemein	2 Teel. Olibanum/Weihrauch 1 Teel. Pfefferkörner 1 Teel. Eisenkraut 1 Tropfen Salbeiöl
Schutzkreis	2 Teel. Olibanum/Weihrauch 1 Teel. Palo Santo 1 Teel. Eisenkraut 1 Tropfen Weihrauchöl
Seelenpartner	2 Teel. Olibanum/Weihrauch 1 Teel. Rosenblüten 1 Teel. Tonkabohne 1 Tropfen Ylang Ylang-Öl
Segen	2 Teel. Olibanum/Weihrauch 1 Teel. Sandelholz 1 Teel. Myrre 2 Tropfen Olivenöl
Sexuelle Kraft	2 Teel. Olibanum/Weihrauch 1 Teel. Ingwerwurzel 1 Teel. Moschuskörner 1 Teel. Damianablätter 1 Tropfen Weihrauchöl
Tai Chi-Mischung	2 Teel. Olibanum/Weihrauch 1 Teel. Sandelholz 1 Teel. Benzoe 1 Tropfen Kamillenöl
Tantra-Mischung	2 Teel. Olibanum/Weihrauch 1 Teel. Ingwerwurzel 1 Teel. Patchouli 1 Tropfen Ingweröl

Taufe	2 Teel. Olibanum/Weihrauch 1 Teel.l Lavendel 1 Teel. Fenchel 1 Tropfen Rosenöl
Universelle Liebe	2 Teel. Olibanum/Weihrauch 1 Teel. Rosenblüten rosa 1 Teel. Rosenholz 1 Tropfen Rosenöl
Verhexungen auflösen	2 Teel. Olibanum/Weihrauch 1 Teel. Drachenblut 1 Teel. Schwarzkümmel ¼ Teel. Meersalz 1 Tropfen Pfefferöl
Visionssuche	2 Teel. Olibanum/Weihrauch 1 Teel. Palo Santo 1 Teel. Beifuß 1 Tropfen Eisenkrautöl
Yoga-Mischung	2 Teel. Olibanum/Weihrauch 1 Teel. Zimt 1 Teel. Alantwurzel 1 Tropfen Orangenöl

Schamanische Ritualzeiten

Die schamanische Kraft der Wochentage

Jeder Wochentag hat eine ganz besondere schamanische Kraft.

Montag wird von dem Mond regiert – Heilung, Hellsicht, Spiritualität.
Dienstag wird von Mars regiert – Kraft & Schutz, Energie.
Mittwoch wird von Merkur regiert – Erfolg, Kommunikation.
Donnerstag wird von Jupiter regiert – Finanzen und Beruf.
Freitag – wird von Venus regiert – Liebe & Freundschaft.
Samstag wird von Saturn regiert – Reinigung & Auflösung.
Sonntag wird von der Sonne regiert – Reichtum & Gesundheit, Fülle.

Ideal um sich mit den Kräften der Wochentage vertraut zu machen. Du kannst auch ganz individuell die einzelnen Wochentage schamanisch bereisen und ihre Kräfte nutzen. Ich habe dies als sehr interessante und lehrreiche Kraft empfunden. Aus diesen schamanischen Reisen sind meine **schamanischen Wochentageskerzen** entstanden. Diese speziellen von mir energetisierten Glaskerzen können dir helfen jeden Wochentag als Geschenk zu nutzen. Welche Geschenke dir die Wochentage bringen? Gerne verrate ich dir, was ich von ihnen auf meiner Reise erfahren habe:

Der *Montag* ist dein Tag der Spiritualität:
Erzengel Gabriel geweiht und es öffnet sich an diesem Tag ganz besonders dein Kronenchakra.

Der *Dienstag* ist dein Tag der Kraft:
Erzengel Uriel geweiht und es öffnet sich an diesem Tag ganz besonders dein Wurzelchakra.

Der *Mittwoch* ist dein Tag des Erfolges:
Erzengel Michael geweiht und es öffnet sich an diesem Tag ganz besonders dein Halschakra.

Der *Donnerstag* ist dein Tag der Heilung:
Erzengel Raphael geweiht und es öffnet sich an diesem Tag ganz besonders dein Herzchakra.

Der *Freitag* ist dein Tag der Liebe.
Erzengel Chamuel geweiht und es öffnet sich an diesem Tag ebenfalls dein Herzchakra.

Der *Samstag* ist dein Tag der Reinigung.
Erzengel Azrael geweiht und es öffnet sich an diesem Tag ganz besonders dein Drittes Auge-Chakra.

Der *Sonntag* ist dein Tag der Fülle.
Erzengel Jophiel geweiht und es öffnet sich an diesem Tag ganz besonders dein Solarplexuschakra.

Möchtest du die Kraft der Chakren verstärken, so kannst du auch eine 7-farbige schamanische Chakrenpyramide nutzen und dir diese auf die einzelnen Chakren legen, um diese zu harmonisieren.

Die Sonnenenergie

Die Kraft der Sonne verstärkt alle positiven Rituale und man kann davon ausgehen, dass schnell bessere Ergebnisse erzielt werden. Einer der besten Schutzmöglichkeiten vor negativen Beeinflussungen ist das Sonnenritual. Sämtliche Rituale, die positive Energien erwecken sollen, können nochmals durch die Sonnenkraft verstärkt werden. Auch Heilsteine und Amulette können mit der Kraft der Sonne aufgeladen werden. Das Ammenmärchen, dass ein Blick mit offenen Augen in die Sonne zum Erblinden führt, ist absolut nicht zutreffend. Im Gegenteil, ich empfehle sogar 10 Minuten täglich ein magisches Sonnenbad zu nehmen, das weckt die Lebensgeister und gibt neue Kraft. Es gibt Sonnenmenschen, das sind Menschen die bereits alles gelöst haben und auf Erden sind, um anderen zu helfen. Und es gibt Schattenmenschen, das sind Menschen die noch an Ängsten festhalten und grollen. Das sind Menschen an denen wir wachsen können, die uns Steine und Hindernisse in den Weg legen. Aber eigentlich ist es nur Weiterentwicklung für uns persönlich. Schattenmenschen brauchen auch die Sonne, sonst werden sie krank. Ich freue mich besonders Engelmedium Sarina Kolibal getroffen zu haben, die mir dies einmal ganz klar und deutlich in einem Gespräch erklärt hat.

Sonnenfinsternis

Die Kraft der Sonnenfinsternis zwingt uns zur Ruhe, bitte keine Wunschrituale ausführen, das würde zum genauen Gegenteil führen. Auch bitte zu diesem Zeitpunkt nicht selbständig machen, keine Verträge unterschreiben oder sonstige neuen Projekte beginnen.

Schamanische Mondrituale für alle Sternzeichen

Mondrituale sind eine der wichtigsten Energien im Schamanismus. Großmutter Mond hilft und unterstützt uns mit ihrer Weisheit. Es gibt jedoch etwas zu beachten:

Vollmond-Energie – Kraftvollste Phase. Selbst schwierige Vorhaben können nun positiv beeinflusst werden.

Abnehmender Mond-Energie – Alles was weg soll darf nun schwinden, ideal für Bann- und Schutzrituale und zur Gewichtsreduktion.

Zunehmender Mond-Energie – Alles was sich vermehren soll kann nun angezogen werden. Ideal für alle Liebes-, Geld- und Glücksrituale.

Neumond-Energie – Ruhephase bitte keine Liebes- oder Geldrituale ausführen. Es geht darum neue Kraft und Energie zu tanken und sich zu entspannen und auszuruhen.

Die Mondphasen in den einzelnen Sternzeichen:

Auch die einzelnen Sternzeichen haben in der Ritualwirkung eine Bedeutung und je nach Ritualzweck kann die Wirkung ganz unterschiedlich sein. Meist zweieinhalb Tage steht der Mond in einem Sternzeichen und das hat folgende Bedeutung für unsere Mondrituale:

Mond im Widder – Mars-Energie

Nun können Rituale für Schutz, Stärke und Kraft besonders erfolgreich sein. Bist du auf der Suche nach einem erotischen Verhältnis? Jetzt wäre genau der richtige Zeitpunkt. Alle Arten von Lernzaubern können ideal wirken, da dieser Mondaspekt gut genutzt werden kann, um das gelernte Wissen gleich wieder in die Tat umzusetzen und seine Visionen zu leben. Auch wirken alle Rituale, die mit selbständiger Arbeit oder Beförderungen zu tun haben. Unterstützen kannst du alle Widder-Mond-Rituale mit folgenden magischen Ölen: Better Business, Love Me, Fire of Love, Success, Mars und High John. Alternative ätherische Öle sind: Orange, Pfeffer, Moschus.

Mond im Stier – Venus-Energie

Alle Rituale, die mit Geld, Wohlstand oder Reichtum zu tun haben, können nun besonders erfolgreich sein. Da Venus dieses Sternzeichen regiert können zusätzlich alle Rituale für Liebe, Sinnlichkeit und erotische Zweisamkeit vollzogen werden. Möchtest du kreativ oder schöpferisch tätig sein? Gerade bei diesem Mondaspekt solltest du deinen Altar besonders schön schmücken und Kupfer-Gegenstände (z. B. Kupferkessel zum räuchern) bevorzugen. Träumst du von einem schöneren Leben? Mit diesem Venusaspekt bitte groß und reichlich! Die Eitelkeit der Venus lässt leider nichts Banales zu, also streng dich etwas an, es lohnt sich! Unterstützen kannst du alle Venus-Mond-Rituale mit folgenden magischen Ölen: Venus, Lovers, Showers of Gold, Money Drawing, Millionaire und Cleopatra. Alternative ätherische Öle sind: Rose, Moschus, Ylang Ylang.

Mond im Zwilling – Merkur-Energie

Alle Rituale, die mit Gedankenmagie zu tun haben, können nun besonders gut wirken. Telepathische Botschaften senden, NLP, Jenseitskontakte oder andere Arten der medialen Kommunikation.

Dieser Mondaspekt ist geradezu ideal geeignet um die Kommunikation im beruflichen Bereich zu fördern bei Bewerbungsgesprächen, telefonischer Lebensberatung, Geschäftsverhandlungen, Prüfungen oder klärende Gespräche in der Partnerschaft. Auch spiritistische Arbeiten mit der

Kristallkugel, den Karten oder dem Pendel sind begünstigt. Unterstützen kannst du alle Zwilling-Mond-Rituale mit folgenden magischen Ölen: Spiritual Power, High John, Masters, Job, Steady Work, Success und Ouija. Alternative ätherische Öle sind: Lorbeere, Sandelholz, Weihrauch.

Mond im Krebs – Mond-Energie

Alle Rituale, die in den sensitiven und Gefühlsbereich gehen.

Dieser Aspekt fördert die medialen Botschaften bei Träumen. Die Astralreise öffnet die Wahrnehmung des 3. Auges besonders weit und kann dazu benutzt werden schamanische Seelenreisen für sich oder andere zu machen. Ideal für Wunschrituale, die es vorsehen sich besonders stark ein geistiges Bild zu erschaffen und in den Kosmos zu senden. Möchtest du schwanger werden? Bei diesem Mondaspekt könnte es klappen. Nicht nur Wunschkinder, sondern auch dein eigenes inneres Kind ist nun besonders empfänglich für die magische Arbeit mit ihm. Unterstützen kannst du alle Krebs-Mond-Rituale mit folgenden magischen Ölen: Astral Travel, 3. Auge-Chakra-Öl, High John, Indian Guide, Wishing, Moon und Neptun. Alternative ätherische Öle sind: Sandelholz, Lavendel, Opium, Kamille.

Mond im Löwen – Sonnen-Energie

Alle Rituale, die mit Charisma, Ausstrahlung zu tun haben. „Gesehen und gesehen werden" könnte das Motto des Löwenmondes heißen. Natürlich macht so viel Selbstbewusstsein sich auch beruflich bemerkbar und begünstigt deswegen alle Rituale für Erfolg, Durchsetzungsvermögen und Karriereaufstieg.

Das darf ruhig auch extravagant sein, denn Gold ist das Metall das im Löwe-Mond besonders gut zur Geltung kommt. Unterstützen kannst du alle Löwe- Mond-Rituale mit folgenden magischen Ölen: Attraction, Courage, Job, Crown of Success, Showers of Gold, Sun und Boss Fix.

Alternative ätherische Öle: Bernstein, Litsea, Ambra, Sonnenblumenöl.

Mond in der Jungfrau – Merkur-Energie

Alle Rituale, die mit Heilung, Durchhaltevermögen, Mangel und Einengung zu tun haben. Dieser Aspekt schwächt schwierige Situationen und kann diese ins positive Gegenteil verkehren. Auch Süchte und Diäten, die wie allgemein bekannt, viel Willenskraft benötigen, können nun angegangen werden. Besonderen Vorteil besitzen Ordnungs-, Struktur- und Reinigungsrituale. Unterstützen kannst du alle Jungfrau-Mond-Rituale mit folgenden magischen Ölen: Healing, Frankinsense, Sandalwood, Dragons

Blood, Protection und Reversible. Alternative ätherische Öle sind: Lavendel, Salbei, Weihrauch.

Mond in der Waage – Venus-Energie
Alle Rituale für Liebe, Familie, Harmonie, Freundschaften und Kreativität. Dieser besondere Aspekt des Mondes kann sozusagen alles ins Gleichgewicht bringen und Gegensätze vereinen. Möchtest du ein Buch schreiben? Dann wäre jetzt genau der richtige Zeitpunkt, lass dich inspirieren von den Musen und der Waage-Energie. Als besonderen Schamanen-Tipp kann ich dir aus eigener Erfahrung berichten: Dass in schwierigen Situationen, die andere nicht unbeschadet überstehen würden ohne eine große Streitigkeit zu riskieren, die Waage optimal vermitteln kann und unbeschadet daraus hervorgeht. Natürlich bin ich Waage und kann es dir aus eigener Erfahrung bestätigen. Das soll jetzt aber nicht heißen, dass du Streitigkeiten provozieren darfst, sondern solltest du in einer solchen Mondkombination Probleme haben, kannst du diese leichter lösen. Bei Mond in der Waage können diese magischen Öle besonders gut wirken: Adam & Eva, Come to Me, Venus, Friendship, Showers of Gold und Doves Blood. Alternative ätherische Öle sind: Rose, Moschus, Ylang Ylang.

Mond im Skorpion – Mars-Energie
Alle Bann-, Abwehr- und Schutzzauber. Selbst schwarzmagische Energien können nun besänftigt werden, aber Vorsicht, nicht allzu leichtgläubig an diese Dinge gehen. Scheue dich nicht den Rat einer erfahrenen Schamanin oder eines Schamanen hinzuzuziehen. Aufgrund der tiefen Konstellation mit Hang zum Okkultismus können auch Jenseitskontakte und Liebeszauber vollzogen werden. Unterstützen kannst du alle Skorpion-Mond-Rituale mit folgenden magischen Ölen: Hex Breaking, Spell Breaking, Dragons Blood, Protection, Jinx Removing, Ouija, Mars und Fire of Love. Alternative ätherische Öle sind: Orange, Pfeffer, Moschus.

Mond im Schützen – Jupiter-Energie
Alle Rituale für Glück, Visionen und Hellsicht. Diese Konstellation zieht das Glück magisch an und sollte ausgenutzt werden. Natürlich können nicht alle Rituale sofort wirken, es bedarf der Wiederholung, aber ausprobieren schadet nicht und ist ausdrücklich erlaubt. Glücks-, Lotto- oder Bingo-Spieler dürfen sich gerne vorher die Hände mit Kamillentee und einem Sud aus der Yellow Dock-Wurzel (indianischer Herkunft, erhältlich in Hexenläden) einreiben. Unterstützen kannst du alle Schütze-Mond-Rituale mit folgenden magischen Ölen: Lucky Hand (auch als

Wurzel erhältlich), Lucky 13, Lucky Dog, Black Cat, Psychic, Magic und Jupiter. Alternative ätherische Öle sind: Orange, Kamille, Zitrone.

Mond im Steinbock – Saturn-Energie
Alle Rituale die größeres Durchhaltevermögen erwarten. Besonders 7, 14 und 21 Tagezauber und alle Formen der zeremoniellen Ritualmagie. Wenn du dir deine okkulten Werkzeuge (Athame, Talismane, Zauberstab, Kerzen oder Amulette) selbst fertigen möchtest, ist dies genau der richtige Zeitpunkt dafür. Auch Kerzenzauber mit 7 Tageskerzen, 7 Höckerkerzen oder 14 Tageglaskerzen, die den Zweck der Beseitigung von finanziellen Hindernissen, Schutz-Zaubern oder Exorzismus haben, kannst du nun vollziehen. Unterstützen kannst du alle Steinbock-Mond-Rituale mit folgenden magischen Ölen: 7 Powers, Seven Africans, Break Up, Big Money, Reversible, Hex Breaking, Saturn und Van Van. Alternative ätherische Öle sind: Salbei, Drachenblut, Verbena, Bockshornklee, Zitrone.

Mond im Wassermann – Saturn-Energie
Alle Rituale die mit Ideenreichtum, Hellsicht und Orakelkunde zu tun haben. Spirituelle Arbeiten wie Kartenlegen, Pendeln, Channeling, dem schwarzen Spiegel oder Astralreisen stehen im Vordergrund. Bist du in einer eingefahrenen Situation? Kein Grund zur Sorge, in dieser Mondkonstellation findest du bestimmt die Lösung! Unterstützen kannst du alle Wassermann-Mond-Rituale mit folgenden magischen Ölen: Astral Travel, Masters, Psycic, Magic, Saffron, Saturn und Frankinsense. Alternative ätherische Öle sind: Sandelholz, Weihrauch, Eisenkraut.

Mond im Fisch – Jupiter-Energie
Alle Rituale für Heilung, Gesundheit. Ideal für Meditationen, schamanische Reisen und Traumdeutung. Diese Konstellation macht dich feinfühlig und bringt dir eine Extraportion Hellsicht. Wolltest du schon immer mal einen Blick in andere Dimensionen werfen, oder Kontakt mit den Engeln oder Naturgeistern aufnehmen? Nun ist der richtige Zeitpunkt gekommen. Stelle eine Schale mit lauwarmem Wasser auf deinen Altar und gib 3-4 Tropfen Angel-Öl hinzu. Salbe nun mit diesem Öl zwei weiße Kerzen und lass diese abbrennen. Sei gespannt, du kannst nun deinen Schutzkreis ziehen und Engel oder Naturgeister rufen oder mit Orakelkarten arbeiten. Unterstützen kannst du alle Fische-Mond-Rituale mit folgenden magischen Ölen: Angel, Dream, Psychic, Healing, Meditation, Indian Guide und Saffron. Alternative ätherische Öle sind: Lavendel, Opium, Sandelholz, Saffran.

Schamanische Astrologie – Dein Helfertiere für jedes Sternzeichen

Laut dieser traditionellen indianischen Zuordnung ist jedem Sternzeichen ein Tier zugeordnet dessen Eigenschaften den Menschen verkörpern soll und das ihn unterstützt.

Steinbock – Schneegans: Entschlossen, zuverlässig, ehrgeizig.

Wassermann – Otter: Kreativ, unangepasst, erfinderisch, der Familie zugetan.

Fische – Puma: Sensibel, liebt Gerechtigkeit, besitzt Unternehmungsgeist.

Widder – Habicht: Individualist, Führungstalent, ungeduldig, kreativ.

Stier – Biber: Sucht Sicherheit, behält gern alte Gewohnheiten.

Zwilling – Hirsch: Gesellig, kameradschaftliche.

Krebs – Specht: Mitfühlend, mit dem eigenen Nest beschäftigt, manchmal launig.

Löwe – Lachs: Verfolgt konsequent eigene Interessen, gesellschaftlich aufgeschlossen.

Jungfrau – Braunbär: Liebt die Natur, ordentlich, romantisch.

Waage – Rabe: Ein intelligenter Diplomat, sozial angepasst.

Skorpion – Schlange: Liebt Geheimnisse, offenbart sich nur schwer, misstrauisch.

Schütze – Eule: Talent für Führungsrollen, dominant, gerecht.

Schamanische Mond-Reinigungsrituale

Der Mond wird dem Wasser zugeordnet. Wasser ist nicht irdischen Ursprungs, bringt uns also mit unserer Seele wieder in Verbindung. Und genau da liegt der Nutzen. Du solltest auf jeden Fall einmal ein schamanisches Mond-Bad ausprobieren. Ideal als Beigabe eignen sich Badekristalle, da sie aus Salz und ätherischen Ölen bestehen. Diese können überall dort verwendet werden, wo Energien wieder ins Fließen gebracht werden sollen. Dem Element Wasser zugeordnet finden sie vielerlei Anwendungen. Nicht umsonst nutzen die Medizinmänner in Afrika diese Form der Magie und erzielen große Erfolge. Die Rezepte stammen aus New Orleans und werden dort noch heutzutage erfolgreich eingesetzt. Hier nun die schamanischen Rezepte für deine eigene Badewanne zuhause.

Grundzutaten für alle Badekristalle:

- 3 ½ Tassen grobkörniges Steinsalz
- ½ Tasse Meersalz

Zum Einfärben (wenn gewünscht) kann Lebensmittelfarbe verwendet werden, die in Pulverform in jedem größeren Supermarkt erhältlich ist.

Alle Zutaten gut vermischen und in ein dunkles Gefäß zur Aufbewahrung geben. Je nach Ritualzweck immer etwas von der Grundzutat in einen Plastikbeutel abfüllen und mit den restlichen Zutaten vermischen, gut schütteln, fertig. Damit das fertige Endprodukt optisch schöner aussieht kannst du die fertigen Badekristalle in Einmachgläser füllen und schön dekorieren z. B. mit Muschelstücken, Blütenblättern, Glasherzen oder sonstigen magischen Zutaten. **Für ein Vollbad nimmst du bitte immer nur 1-1 ½ Esslöffel deiner Mischung.**

Schamanische Öle für alle Zwecke

Die Rezepte lassen sich auch mit Jojobaöl als Basis zu schamanischen Ölen abwandeln, dazu nimm 100 ml Basis-Öl und halbiere die Zutaten.

Eine Besonderheit bilden die Rezepturen der Heiligen aus der christlichen Mythologie. Diese Rezepte stammen aus dem New Orleans Rootwork und die übrigen sind von mir selbst zusammengestellt.

Badekristall-Rezepte	Zutaten
Schutzmischung Allgemein	30 Tropfen Kokosnuss 15 Tropfen Salbei 15 Tropfen Myrre 15 Tropfen Weihrauch 15 Tropfen Rosmarin
Aphrodisia Liebesmischung	30 Tropfen Moschus 30 Tropfen Zimt 30 Tropfen Vanille
Starker Schutz	30 Tropfen Weihrauch 30 Tropfen Myrre 30 Tropfen Drachenblut 10 Tropfen Pfefferminz
Gute Geschäfte	30 Tropfen Kokosnuss 20 Tropfen Zimt 20 Tropfen Veilchen
Geldmischung	30 Tropfen Vanille 30 Tropfen Sasafrass 30 Tropfen Zimt
Bittere Badekristalle	30 Tropfen Salbei 30 Tropfen Drachenblut 30 Tropfen Rosmarin
Liebe anziehend	30 Tropfen Ylang Ylang 30 Tropfen Zimt 30 Tropfen Vanille
Kraftmischung	30 Tropfen Rosmarin 30 Tropfen Weihrauch 30 Tropfen Vanille
Drachenblut	120 Tropfen Dragons´s Blood

Schnelles Geld	30 Tropfen Pfefferminz 30 Tropfen Kokosnuss 30 Tropfen Sassafras 15 Tropfen Anise
Schutzengel	30 Tropfen Kokosnuss 30 Tropfen Muskatnuss 30 Tropfen Zimt 10 Tropfen Pfefferminz
Gesundheitsmischung	30 Tropfen Kokosnuss 30 Tropfen Sandelholz 30 Tropfen Eukalyptus
Erfolgsmischung	30 Tropfen Lavendel 30 Tropfen Drachenblut 25 Tropfen Ylang Ylang 15 Tropfen Patchouli
Liebeszauber Mann	30 Tropfen Ylang Ylang 30 Tropfen Orchidee
Liebeszauber Frau	30 Tropfen Rose 30 Tropfen Apfel
Liebeszauber Homosexuell	30 Tropfen Lilie 30 Tropfen Rose
Kokosnuss-Traum Friede & Harmonie	40 Tropfen Lavendel 60 Tropfen Kokosnuss
Lavendel -Traum	60 Tropfen Lavendel 40 Tropfen Rosen
Liebestropfen	30 Tropfen Zimt 30 Tropfen Vanille 25 Tropfen Patchouli 15 Tropfen Pfefferminz
Glück verstärken	30 Tropfen Patchouli 30 Tropfen Jasmin 30 Tropfen Zimt
Lotto-Glück	30 Tropfen Salbei 30 Tropfen Gewürznelke 30 Tropfen Zedernholz

Allgemeiner Liebeszauber II Farbe: Rot	20 Tropfen Zimt 40 Tropfen Rose
Heirate mich	30 Tropfen Lavendel 30 Tropfen Vanille 25 Tropfen Zimt 15 Tropfen Moschus
Cleopatra Liebesmischung	30 Tropfen Zimt 30 Tropfen Veilchen 25 Tropfen Ylang Ylang
Sieben heilige Schwestern Schutz & Reinigung	30 Tropfen Kokosnuss 20 Tropfen Pfefferminz 20 Tropfen All Spice *Alternativ:* 20 Tropfen Ingwer
St. Anna Mutter von Maria und Großmutter von Jesus. **Schutzpatronin für alle Großmütter,** die sich um ihre Enkelkinder sorgen. Am besten Glücksbringer mit in die Badewanne nehmen und ihn beim Baden aufladen.	30 Tropfen Lavendel 20 Tropfen Rose 20 Tropfen Veilchen 10 Tropfen Sandelholz
St. Anthony Hilfe bei allen Formen von Wundern, besonders materiell und finanziell.	30 Tropfen Patchouli 20 Tropfen Moschus 20 Tropfen Ylang Ylang 20 Tropfen Sandelholz
St. Barbara assoziiert mit Chango, dem Feuergott der Stärke und Kraft bringt.	30 Tropfen Zimt 20 Tropfen Kokosnuss 20 Tropfen Sandelholz
St. Christopher Schutzpatron aller Reisenden.	30 Tropfen Zimt 20 Tropfen Kokosnuss 20 Tropfen Sandelholz
St. Clara Bringt Frieden und Harmonie in die Familie.	30 Tropfen Rose 20 Tropfen Lilie 20 Tropfen Vanille
St. Expedito Hilft einem sich weiterzuentwickeln und sich schneller zu entfalten.	30 Tropfen Sandelholz 20 Tropfen Allspice 20 Tropfen Ambergris

Heiliger Franz von Assisi Tierkommunikation und besseres Verständnis für die Natur.	30 Tropfen Sandelholz 20 Tropfen Apfelblüte 20 Tropfen Moschus
St, Helena Hilft in Liebesfragen und dient der Schönheit.	30 Tropfen Orangenblüte 20 Tropfen Apfelblüte 20 Tropfen Pfirsichblüte
St. Joseph Vater von Jesus und Ehemann von Maria. Hilft beruflich, unterstützt den Hausverkauf und bringt Sicherheit.	30 Tropfen Sandelholz 20 Tropfen Weihrauch 20 Tropfen Olivenöl
St. Jude Hilft in unmöglichen Situationen, wo sonst anders keine Lösung zu finden ist.	30 Tropfen Lorbeer 20 Tropfen Zimt 20 Tropfen Jasmin
St. Lazarus Hilft bei Heilung und steht für Barmherzigkeit.	30 Tropfen Sandelholz 20 Tropfen Moschus 20 Tropfen Lavendel 5 Tropfen Vetivert
St. Lucy Schutzpatron der italienischen Hexen. Hilft gegen den Bösen Blick.	30 Tropfen Basilikum 20 Tropfen Lavendel 20 Tropfen Rose 5 Tropfen Veilchen
St. Martha Hilft bei Scheidungen und kann Ungerechtigkeit in einer Partnerschaft vorbeugen.	30 Tropfen Rose Geranium 20 Tropfen Vetivert 5 Tropfen Bernstein
St. Martin Der erste schwarze Heilige aus Peru, der gegen Hungersnot, Krankheit und Leiden aller Art eingesetzt werden kann.	30 Tropfen Weihrauch 20 Tropfen Rose 5 Tropfen Orange
St. Michael Michael ist einer der großen Erzengel und hilft in allen Notlagen, bei Ängsten, karmischen Verstrickungen und löst Energiebänder auf. Befreit also von negativen Mächten und Abhängigkeiten.	30 Tropfen Moschus 20 Tropfen Rose 5 Tropfen Zimt

St. Peter Öffnet Türen und kann dir helfen in Bereiche vorzudringen, die dir bislang verschlossen waren. Hilfe bei Geschäftserfolgen und kann unter Umständen auch jemanden aus dem Gefängnis befreien, wenn dieser unschuldig verurteilt wurde.	30 Tropfen Weihrauch 20 Tropfen Myrre 5 Tropfen Sandelholz
St. Theresa Kann dir helfen eine bestimmte geliebte Person herbeizubringen und steht auch für Weisheit und Schutz.	30 Tropfen Rose 20 Tropfen Lilie
Entwünschung	30 Tropfen Sandelholz 30 Tropfen Myrrhe 30 Tropfen Lavendel
Beruf	30 Tropfen Vetivert 30 Tropfen Veilchen 30 Tropfen Rose
Allgemeiner Erfolg II Farbe: Blau	30 Tropfen Kokosnuss 30 Tropfen Moschus 25 Tropfen Minze 15 Tropfen Muskatnuss
Süße Badekristalle, Liebesglück	30 Tropfen Rosen 30 Tropfen Pfefferminz 30 Tropfen Veilchen

Bleiben wir beim Mond so gehören auch unsere Träume dazu: Schamanische Traumdeutung

Als Schamane spielen unsere Träume eine besondere Rolle. Nicht alle Träume sind Hirngespinste um unsere Ängste oder Tageseindrücke zu verarbeiten, es gibt da große Unterschiede. Es gibt Träume die Warnungen beinhalten, es gibt prophetische Träume die eintreffen, es gibt aber auch die klassischen Verarbeitungsträume. Für den Schamanen sind die Träume wichtig, die uns im Alltag helfen können, weil sie unserer Weiterentwicklung dienen. Diese Informationen können sowohl aus der unteren als auch aus der oberen Welt kommen. Es ist von Vorteil dir ein Traumtagebuch anzulegen, worin du dir deine Träume notieren kannst. Der gute Vorsatz nach dem Aufstehen, später am Tag, deine Träume aufzuschreiben funktioniert leider nur in den seltensten Fälle, da diese viel zu schnell wieder vergessen sind oder wichtige Einzelheiten fehlen. Besonders bei spirituellen Träumen, das sind Träume wo wir in andere Ebenen reisen und dort Lehrer oder andere Menschen treffen können. Wie schade wenn dieses Wissen verlorengeht. Manchmal taucht es wieder spontan im Alltag als Blitzgedanke auf und man erinnert sich an ein Stück aus diesem Traum. Spätestens diesen Teil solltest du dir dann notieren. Aber nicht verzagen, du bist nicht alleine, du besitzt deinen eignen Herrn der Träume, der über dich wacht und all deine Träume kennt. Hast du also das Bedürfnis einen Traum besser zu verstehen oder möchtest du jemanden im Traum besuchen, so frage ihn. Übrigens, wenn du aktiv mit Träumen arbeitest, kann es sein, dass du verstärkt luzide Träume (das sind Träume bei denen wir wissen, dass wir träumen und das Geschehen darin beeinflussen und steuern können) hast und du bekommst auch in deinen Träumen Aufgaben oder Lektionen, die du im Alltag einsetzen oder lösen sollst. Das kann, muss aber nicht immer der Fall sein. Das ist von Mensch zu Mensch unterschiedlich. Es gibt Traumschamanen, die mit Hilfe ihrer Träume ihr Leben beeinflussen und lenken. Wenn man aus so einem Traum erwacht, fühlt man sich den ganzen Tag irgendwie gut und hat ein erhabenes Gefühl mit allem und jedem verbunden zu sein.

Reise zum Herrn der Träume (Übung 33)

Der Herr der Träume gehört zu der oberen Welt und gibt dir Auskunft über die Bedeutung deiner Träume. Reise in die obere Welt und suche dort den Herrn der Träume auf. Lass dir von ihm deinen Traum noch einmal zeigen und interpretieren. Stell ihm deine Fragen und vergiss nicht, alles wieder genau aufzuschreiben.

Deine Erlebnisse bei deiner schamanischen Reise:

Nachwort

HERZLICHEN GLÜCKWUNSCH

Vielen Dank, dass du dich dafür entschieden hast dieses Buch zu kaufen und zu lesen. Du bist nun am Ende angekommen, aber eigentlich ist es erst der Beginn. Es ist jetzt an der Zeit dein Wissen in deinen Alltag zu integrieren. Das ist gelebte Spiritualität. Du hast sehr viel erlebt und viele schamanische Reisen gemacht, die dich ein Stück weiter auf deinem Pfad der inneren Entwicklung gebracht haben. Gerne bin ich auch für dich da, wenn du Fragen hast bezüglich einzelner Themen, Produkten, Trommelmusik oder Reisen. Gerne helfe ich dir und du kannst mich jederzeit über meine Homepage kontaktieren. Meistens tauchen die Fragen erst nach einigen Wochen oder Monaten auf.

THORSTEN GABRIEL

aus Landau i. d. Pfalz

Schamanische Lebensberatung

Ausbildungen und Seminare

Workshops und vieles mehr auf meiner Homepage

www.thorsten-gabriel. de

Dieses Buch ist Hilfe zur Selbsthilfe und beschreibt Grundlagen, aber es kann eine schamanische Ausbildung niemals ersetzen und ich möchte ausdrücklich betonen, dass es immer besser ist einen erfahrenen Lehrer vor Ort zu haben, der dir zur Seite steht. Solltest du Fragen haben, dann kontaktiere mich bitte.

Thorsten Gabriel

Danksagung

Ich möchte mich bei allen Personen bedanken, die mich tatkräftig unterstützt haben. Meinen Kunden möchte ich ein großes Lob für die vielen tollen schamanischen Fragen und Hinweise aussprechen. Es ist mir immer eine besondere Freude für euch da zu sein. Mein spezieller Dank gilt einer lieben Kollegin von mir Petra Turay.

DANKE, LICHT, LIEBE, HEILUNG, SEGEN

DANKSAGUNG an meine Ausbilder:

Wir alle sind miteinander verbunden und sind immer die Summe aus allen Teilen. Jeder trägt mit seiner persönlichen Art und Arbeit etwas zum großen Ganzen bei. Deshalb möchte ich hier an dieser Stelle euch alle würdigen und mich bei euch allen bedanken. Ich sage von Herzen DANKE all meinen Lehrern Uta und Dirk Ohligschläger, Angelika Maria und Volker Pusch für ihre wundervolle Art zu unterrichten. Möget ihr alle auch euren Weg in Liebe, Licht und Leichtigkeit gehen. So wie ich es, dank eurer Hilfe, nun auch vermag.

Euer Thorsten Gabriel

Buchtipps – Musiktipps – Quellennachweis

Buchtipps:

- Karten – Krafttiere begleiten dein Leben (Schirner Verlag)
- Auf der Suche nach der verlorenen Seele – Sandra Ingermann (Heyne Verlag München)
- Vison Quest – Das indianische Weisheits-Tarot (Königsfurt Urania Verlag)
- Kurt Tepperwein „Die geistigen Gesetze“ Goldmann Verlag

Musik-Tipps, CDs & Mp3-Alben:

- Power Animals Paradise Music (auch als Mp3 erhältlich)
- Shamanic Drum Miroslaw Miniszewski (Mp3 Album)
- Trance-Trommel, Teil 1 CD Michael Reimann
- Schamanische Trommel CD Thorsten Gabriel Landau/Pfalz

Quellennachweis:

Einige in diesem Buch erwähnten Übungen und Texte stammen aus meinen Seminarunterlagen „Schamanische Ausbildung, Kurse 1-5“ von Uta Stibane-Ohligschläger.

Weitere Bücher aus dem Bohmeier Verlag

Magier Thors Ratgeber der Hexenmagie

Ursprung der Hexenkunst Magische Produkte und Hexenrituale für ein glückliches Leben ein Ratgeber für moderne Hexen von Magier Thor, ISBN 978-3-89094-439-5, 120 Seiten, Softcover, Format DIN-A5

Magier Thors Ratgeber der Hexenmagie: Dieser Ratgeber enthält alles was die Hexe oder Magier von heute wissen muss.

Egal ob es sich um die Theorie oder die Praxis handelt, - in diesem Ratgeber findet der Leser eine komplette Auflistung magischer Hilfsmittel und bekommt die Grundlagen der Hexenmagie vermittelt.

Thor arbeitet seit vielen Jahren mit der Hexenkunst und der Magie des alten Weges und sagt dazu: "Meine Aufgabe ist es, das alte Hexenwissen zu bewahren und es zeitgemäß an interessierte Menschen weiterzugeben und weiterzuentwickeln.

Dafür gebe ich Hexenseminare und Tarotkurse, führe Wicca-Trauungszeremonien für Paare durch und halte Vorträge über moderne Hexenkunst. Außerdem bin ich Reiki-Lehrer und weihe Schüler in die traditionellen Reiki-Grade ein.

2002 habe ich einen kleinen Online Hexenladen in Landau/Pfalz eröffnet und leite seit 2004 mit Lady Bintoumani das spirituelle Zentrum Akashalight.

Nach viel Überredungskunst von meinen Klienten hältst du nun mein erstes Buch, das auch ein Ratgeber ist, in den Händen. Dieser Ratgeber gliedert sich in vier Teile. Der erste Teil gibt dir Informationen und theoretische Kenntnisse über die Hexenkunst. Im zweiten Teil werden die magischen Produkte dargestellt, der dritte Teil ist ganz der Praxis gewidmet und der vierte Teil ist ein Anhang mit wichtigen zusätzlichen Informationen.

So kannst du selbst Hexenrituale wirken, und zwar ohne groß in anderen Büchern suchen zu müssen. Die meisten Bücher beinhalten nämlich nur einen Teil der Hexenmagie. Deshalb dieser Ratgeber: kompakt und übersichtlich gegliedert für alle Hexen, ob jung oder alt."

Du erfährst unter anderem etwas über: Den Ursprung der Hexenkunst, alle magischen Öle von A-Z inklusive der notwendigen Rituale, alles zur Siegelmagie von Anna Riva und die magischen Figurenkerzen mit Einsatzweisen werden ausführlich vorgestellt.

Magier Thors Ratgeber der Voodoo-Magie

Ursprung der Voodoo-Rituale. Rezepte und Formeln: Die hohe Kunst der afrikanischen Naturmagie in Europa von Magier Thor, ISBN 978-3-89094-706-8, 96 Seiten, Softcover, Format DIN-A5

Voodoo bedeutet im afrikanischen Glauben nichts anderes als "Gott" oder "großer Geist". Der Ursprung des Voodoo-Kultes, oder besser der Voodoo-Religion, ist sozusagen die Natur selbst, denn dort verehrten die Afrikaner vor Urzeiten ihre Götter und Mutter Natur und lebten in völligem Einklang mit ihr. Voodoo ist eine naturverbundene archetypische Urreligionsform. Dieser Ratgeber ist in erster Linie für den interessierten Europäer geschrieben, der praktische Erfahrungen auf dem Gebiet der Voodoo-Magie erwerben möchte und dies in der Theorie und Praxis mit Hilfe dieses Buches lernen und ausführen kann.

Der Leser bekommt die Grundlagen der Voodoo-Magie vermittelt, lernt etwas über die verschiedenen Voodoo-Traditionen und kann im praktischen Teil des Buches selbständig Voodoo-Rituale vollziehen mit Hilfe von magischen Produkten. Um noch besser mit diesen Voodoo-Produkten zu arbeiten, bietet dieser Ratgeber eine komplette Auflistung der "Voodoo-Öle der heiligen sieben Schwestern aus New Orleans". Voodoo-Produkte:

- alle magischen Voodoo-Öle
- alle magischen Voodoo-Räucherungen
- alle Voodoo-Kerzen
- alle Voodoo-Siegel von Anna Riva

und Erklärungen zur Einsatzweise dieser Produkte. Magische Voodoo-Rezepte und Rituale runden diesen Ratgeber ab und machen ihn zu einem wertvollen Begleiter für alle, die sich für Voodoo-Magie interessieren.

Weitere Bücher finden Sie auf unserer Internetseite
www.magick-pur.de